TRADER OU INVESTIDOR?

TRADER OU INVESTIDOR?

BRUNO GIOVANNETTI
FERNANDO CHAGUE

APRENDA A INVESTIR NA BOLSA SEM CAIR NAS ARMADILHAS DOS VIESES COMPORTAMENTAIS

intrinseca

Copyright © Bruno Giovannetti e Fernando Chague

REVISÃO
Ana Grillo
João Rodrigues

DIAGRAMAÇÃO
Victor Gerhardt | CALLIOPE

DESIGN DE CAPA E PROJETO GRÁFICO
Gabriela Pires

CIP-BRASIL. CATALOGAÇÃO NA PUBLICAÇÃO
SINDICATO NACIONAL DOS EDITORES DE LIVROS, RJ

G427t

Giovannetti, Bruno, 1978-
    Trader ou investidor? : como investir na bolsa sem as armadilhas dos vieses comportamentais / Bruno Giovannetti, Fernando Chague. - 1. ed. - Rio de Janeiro : Intrínseca, 2023.

    176 p. ; 21 cm.

    ISBN 978-65-5560-394-1

    1. Investimentos. 2. Bolsa de valores. 3.Ações (Finanças). I. Chague, Fernando. II. Título.

23-84823   CDD: 332.6
                                       CDU: 330.322

Gabriela Faray Ferreira Lopes - Bibliotecária - CRB-7/6643

[2023]
Todos os direitos desta edição reservados à
Editora Intrínseca Ltda.
Av. das Américas, 500, bloco 12, sala 303
Barra da Tijuca, CEP 22640-904
Rio de Janeiro – RJ
Tel./Fax: (21) 3206-7400
www.intrinseca.com.br

SUMÁRIO

7 PREFÁCIO

11 INTRODUÇÃO

21 **PARTE I:** O TRADER E SEUS VIESES COMPORTAMENTAIS

95 **PARTE II:** O INVESTIDOR E SEUS 10 MANDAMENTOS

163 CONCLUSÃO

167 NOTAS

PREFÁCIO

Eu me recordo vividamente do primeiro seminário que Bruno apresentou na FGV, ainda como professor da USP, sobre pessoas físicas comprando ações que pareciam baratas, mas estavam caras. O trabalho era fascinante. Além de trazer importantes contribuições para a literatura acadêmica internacional, ele nos ensinava muito sobre o comportamento dos investidores brasileiros.

Esse é um dos muitos trabalhos que Fernando Chague e Bruno Giovannetti têm desenvolvido, há anos, sobre pessoas físicas no mercado financeiro do Brasil. Explorando grandes e detalhadas bases de dados, munidos de um vasto conhecimento da literatura acadêmica, suas pesquisas têm obtido muito sucesso entre a comunidade científica internacional.

Fernando e Bruno já são os dois principais acadêmicos da área de finanças em atividade no Brasil, apesar de terem concluído o doutorado há pouco mais de 10 anos.

O interesse por essa linha de pesquisa vai muito além da comunidade acadêmica. As questões estudadas por eles têm implicações importantes para todos que querem investir algum dinheiro ou operar no mercado financeiro.

Grande parte de suas pesquisas estuda pessoas físicas no mercado financeiro e nos ajuda a responder a perguntas como: que erros as pessoas cometem ao investir? Quem erra mais? O que está por trás desses erros? Quanto as pessoas ganhariam se evitassem essas armadilhas?

Parte desse trabalho foca em quem compra e vende ações no mesmo dia (day trading). Qual o resultado financeiro dessas operações? Por que é tão ruim? Melhora com o tempo? Por que day traders continuam operando por tanto tempo apesar de perderem tanto dinheiro?

Alguns trabalhos deles focam nas imperfeições do mercado financeiro — e em como isso aumenta os prejuízos de quem investe ou opera mal na bolsa. Outros destrincham produtos financeiros complexos vendidos para as pessoas físicas: apresentam bons retornos? São arriscados?

Pesquisadores no mundo inteiro têm procurado respostas para essas questões. Há ainda muito a aprender — sempre há. Mas o entendimento dos pesquisadores na linha de frente dessa pesquisa, como Fernando e Bruno, contém ensinamentos valiosos para todos que buscam investir ou operar.

Este livro traz as lições mais importantes dessa pesquisa científica para o público em geral.

Você quer aprender a ficar rico rapidamente no mercado financeiro? Há muitos vendedores de tênis, baristas, professores de natação e investidores falidos produzindo vídeos e vendendo cursos que ensinam os caminhos para o sucesso rápido.

Os cursos desses gurus sem currículo trazem regras relativamente simples, cercadas por termos complicados e citações a matemáticos e financistas famosos. Você vai se sentir bem ao aprender rapidamente como prosperar. Os termos e citações lhe trarão a sensação de estar em contato com os segredos do universo dos investimentos.

Este livro, por outro lado, não traz caminhos mágicos. Aqui, você não vai aprender como ficar rico operando.

Mas se você quiser arriscar a sorte no mercado financeiro como trader, tentando julgar criticamente se as lições para o sucesso rápido de outros mentores fazem sentido, este livro também é para você.

A primeira parte deste livro sintetiza o entendimento da comunidade científica sobre os erros que as pessoas cometem no mercado financeiro.

Combinando ensinamentos teóricos das áreas de psicologia, finanças e economia com trabalhos estatísticos baseados em dados de diferentes partes do mundo, os autores trazem à luz os principais erros que cometemos ao investir, mostram as consequências desses erros e discutem suas fontes.

Apesar da complexidade dos estudos que fundamentam essas lições, o livro tem linguagem simples e acessível a qualquer pessoa interessada em aprender. Um estudante do ensino médio conseguiria assimilar os ensinamentos.

Apesar da simplicidade, essa parte do livro tem muito a ensinar a quem estuda finanças ou trabalha com investimentos e operações no mercado financeiro, mas não está sintonizado com as últimas descobertas da pesquisa científica no assunto.

Enquanto a primeira parte explica o que a pessoa não deve fazer no mercado financeiro, a segunda propõe maneiras de investir o dinheiro.

Essas lições são organizadas em 10 mandamentos. Mais importante que os seguir é entender os fundamentos por trás dessas regras, explicados claramente aqui.

Para as pessoas acostumadas a ler e ouvir conselhos sobre como investir e que ações comprar, as receitas apresentadas parecerão surpreendentemente simples. Acadêmicos e pesquisadores da área não se surpreenderão.

As receitas são simples não porque as complicações são difíceis de explicar, mas porque as complicações, em geral, levam a resultados piores.

Se você for ler apenas um livro sobre investimentos, leia este. Se você quer ler mais e fazer cursos para aprender a operar, este livro faz um contraponto fundamental para você avaliar criticamente as lições e conselhos espalhados por aí. E, se você estuda ou trabalha com finanças ou economia, este livro traz uma valiosíssima síntese desse ramo da pesquisa científica.

Bernardo Guimarães,
Ph.D. em Economia pela Yale University e professor da Escola de Economia de São Paulo e da Fundação Getúlio Vargas

INTRODUÇÃO

No Brasil, a empresa responsável pela negociação das ações das companhias de capital aberto é a B3, cuja sigla remete a "Brasil, Bolsa e Balcão". Em 2010, quando ainda se chamava Bolsa de Valores de São Paulo (Bovespa), foi traçada uma estratégia para incentivar as pessoas a operar ações diretamente, e não apenas por meio de fundos. Foi contratado, então, ninguém menos que o nosso eterno Rei Pelé para protagonizar uma pesada campanha publicitária. O objetivo declarado era romper o patamar dos 500 mil investidores, a teimosa barreira que havia se estabilizado desde 2007, e chegar a 5 milhões até 2015. A campanha, no entanto, fracassou.

As más línguas atribuem pelo menos parte do fracasso ao desempenho de Pelé na cerimônia de lançamento da campanha, ao ser questionado sobre seus investimentos. Sincero, ele declarou que sempre comprara imóveis... Culpa de Pelé ou não, fato é que a barreira dos 500 mil permaneceu inalterada nos anos seguintes. Em 2015, o número de pessoas que investiam diretamente em ações através de seus home brokers continuava em 500 mil.

De repente, tudo mudou. Como um tsunami que se forma em águas calmas, o número de pessoas atuando na Bolsa saiu de 500 mil em 2017 e passou para 700 mil em 2018, 1,5 milhão em 2019, 2,5 milhões em 2020, 3,2 milhões em 2021 e fechou 2022 com 4,6 milhões. Um crescimento espantoso. O que aconteceu? Quatro fatores potentes se combinaram nesse meio-tempo. A taxa de juros no Brasil caiu, houve o boom das mídias sociais, novas tecnologias de trade foram desenvolvidas e, um pouco mais para a frente, a pandemia de covid-19 afetou o cenário, intensificando a procura por modos de ganhar dinheiro.

Durante um longo tempo, os juros reais (sem a expectativa de inflação) se mantiveram muito altos no Brasil, chegando a figurar entre os mais elevados do mundo. Assim, era fácil uma pessoa obter um rendimento razoável para suas economias sem precisar correr risco. Um exemplo clássico era a caderneta de poupança. Para várias gerações de brasileiros, guardar dinheiro era quase sinônimo de ter uma caderneta de poupança. Para os mais antenados e sofisticados, o Tesouro Direto também oferecia ótimas rentabilidades.

No começo dos anos 2000, os juros reais estavam em 10% ao ano. No fim de 2003 fecharam em 14%, e daí até 2012 foram caindo consistentemente até 2% ao ano. De 2012 a 2015, no entanto, subiram mais uma vez, voltando ao confortável patamar de 10% ao ano (confortável para os poupadores, claro, não para o país). Mas, a partir daí, tombaram ladeira abaixo. Em 2017, já estavam de novo em 2% ao ano e, no fim de 2019, em 0% ao ano! Com os juros reais nesse patamar, os poupadores tiveram todo o incentivo do mundo para ir atrás de novas formas de investimento e precisaram aprender a correr mais risco para conseguir aumentar os retornos esperados. A Bolsa foi, naturalmente, uma das escolhas.

Junto com esse movimento de queda da taxa de juros, as mídias sociais foram ficando cada vez mais poderosas e uma nova profissão surgiu, a do influencer. Vários deles apareceram no campo dos investimentos. Espontaneamente ou financiados por corretoras, eles ajudaram a desmistificar a Bolsa de Valores, mostrando que ela era lugar também para investidores amadores. Pelo seu lado, as corretoras foram modernizando suas plataformas de trading e criando aplicativos que permitiam que as pessoas comprassem e vendessem ações pelo celular. Em paralelo, os custos de corretagem reduziram e acabaram substituídos por formas mais engenhosas de se lucrar com a atividade de trading.

Para completar o combo, em 2020 veio a pandemia. Em casa, desempregadas ou em home office, as pessoas começaram a achar atrativa a ideia de ganhar um dinheiro na Bolsa (e, para quem gosta de adrenalina, por que também não se divertir?). O resultado disso tudo foi uma explosão no número de pessoas que resolveram operar ações por meio de seus computadores e celulares. De 500 mil para mais de 3 milhões! Em quatro anos! Importante mencionar que o fenômeno foi global. E não apenas quanto ao boom das redes sociais, ao desenvolvimento de novas tecnologias de trade e ao advento da pandemia — o mundo todo viveu, nesta última década, uma redução dos juros reais.

Infelizmente, porém, a maior parte das pessoas físicas atraídas para a Bolsa tomam um rumo equivocado. Há dois caminhos principais que elas poderiam trilhar nessa investida. São bastante distintos. Um, o caminho correto, é o do Investidor; o outro, o caminho errado, é o do Trader. Nosso livro é sobre esses dois caminhos e esses dois tipos de investidor.

A pessoa que pensa como um Investidor usa a Bolsa como parte relevante de uma carteira de investimentos para o longo prazo — para a aposentadoria, por exemplo. Ela tem consciência de que é muito difícil saber exatamente que ações, no futuro, serão bem-sucedidas e quais serão um fracasso. O Investidor diversifica sua carteira de ações. Podemos comparar o Investidor a um velejador de longas distâncias, e seu sucesso é consequência de um vento favorável que existe na Bolsa conhecido como "prêmio de risco": no longo prazo, a Bolsa tende a oferecer rentabilidade maior do que os outros investimentos, conforme vamos explicar mais adiante. No curto prazo, é verdade que fortes ondas e tempestades aparecem e balançam o barco, mas a paciência e a perseverança levam o Investidor aonde ele quer: uma aposentadoria mais tranquila.

Com mentalidade totalmente diferente, a pessoa física que pensa como Trader compra e vende ações com uma frequência muito alta. Se o Investidor parece um velejador, o Trader parece aquele cachorrinho pinscher, que é bem pequenininho mas acha que consegue enfrentar todo mundo. O Trader fica pulando de lá para cá, rosnando, tentando identificar na Bolsa oportunidades de lucro de curto e curtíssimo prazo. Acompanha o mercado todos os dias, faz curso de day-trade, assina relatórios de corretoras e casas de análises — que lhes fornecem indicações de ações "baratas" —, opera ações ativamente, entra e sai de posições. Para conseguir lucrar no curto prazo, ele precisa, é claro, ir para a briga com os outros investidores que também querem lucrar especulando. Na especulação de curto prazo na Bolsa, o ganho de um vem da perda do outro. E, entre os adversários, estão grandes instituições dotadas de equipes superqualificadas, alta tecnologia e muita informação. Mas o Trader, valente como o cachorrinho pinscher, confia nos seus dentinhos e não dá a mínima para o tamanho dos oponentes.

Como detalharemos aqui, o final do caminho das pessoas físicas que agem como Trader não é, em geral, nada agradável. Pelo menos, não para elas. Já corretoras, influencers, casas de análise e a própria Bolsa, esses, sim, ganham muito dinheiro com essas pessoas por meio da venda de produtos (cursos e assinaturas) e dos custos de transação (corretagem, emolumentos e outros). Além desses, as grandes instituições, infantilmente enfrentadas pelas pessoas físicas que agem como Traders, também saem no lucro.

Na Parte I deste livro, apresentaremos o que entendemos como o pior caminho para as pessoas físicas entrarem na Bolsa, comentando as dificuldades enfrentadas pelo Trader, que opera ativamente, mas, com frequência, com um resultado ruim. Apontaremos também as razões desse resultado, que, como veremos, é, de fato, espantosamente ruim — pior até do que se as decisões em torno da compra e venda das ações fossem tomadas de olhos fechados, de maneira aleatória! Isso porque, além de ter de enfrentar investidores muito mais qualificados na luta pelo dinheiro especulativo, o Trader tem contra si alguns comportamentos que levam a decisões ruins. São comportamentos recorrentes, difíceis de evitar, a que damos o nome de "vieses comportamentais". Na Parte II, o foco será o Investidor, que vê na Bolsa um ótimo lugar para seu investimento de longo prazo, previdenciário. Nessa parte, justificaremos nossa posição e daremos 10 dicas simples, objetivas e inteligentes sobre como investir.

Antes, porém, é importante nos apresentarmos. Bruno concluiu o PhD em Economia em 2011, pela Columbia University, e Fernando, em 2012, pela University of North Carolina, ambas instituições americanas. Desde então, toda a nossa pesquisa é focada em finanças, mais especificamente, no comportamento dos investidores no mercado acionário. Essa área, chamada de Finanças Comportamentais, nos fascina. Por que as pessoas acham que conseguirão competir pelo lucro de curto prazo com instituições consolidadas, muito bem amparadas em tecnologia e informação? Por que, ao tentar fazer isso, elas exibem um desempenho pior do que se tomassem decisões aleatórias? Como convencê-las a usar a Bolsa de modo correto, sem jogar seus suados recursos e seu tempo pelo ralo? Essas são as perguntas que têm norteado nossa investigação nesses anos e que, provavelmente, continuarão a estimular nosso trabalho.

Aqui, apresentamos, com linguagem clara e direta, resultados importantes que encontramos em nossas pesquisas e, também, nas de outros autores. Somos professores da Escola de Economia de São Paulo da Fundação Getulio Vargas (EESP-FGV). Antes de virmos para a EESP-FGV, em 2017, éramos professores da Faculdade de Economia e Administração da Universidade de São Paulo (FEA-USP). Em nossa carreira, todo o nosso tempo é dedicado à pesquisa acadêmica e às aulas. Devido à riqueza de dados referentes ao comportamento dos investidores brasileiros na Bolsa de Valores, temos conseguido publicar em excelentes revistas científicas internacionais. Agora, queremos dividir com vocês o que estamos aprendendo nessa trajetória.

Nosso principal objetivo é contribuir com o mercado de capitais no Brasil. Infelizmente, esse mercado aqui é pequeno, se comparado, proporcionalmente, ao nosso Produto Interno Bruto. A soma do valor de mercado de todas as empresas de capital aberto dividida pelo nosso PIB não passa de cerca de 50%. Como referência, a razão entre o valor total de todas as empresas do mundo com capital aberto e o PIB mundial fica ao redor de 80%. Ou seja, no Brasil, relativamente, poucas empresas captam recursos para seus investimentos por meio do mercado de capitais, vendendo ações. Isso, é claro, atravanca o financiamento das empresas e é ruim para a nossa economia.

Levar as pessoas físicas para a Bolsa é, sem dúvida alguma, algo que precisamos fazer, pois ajudaria bastante a desenvolver o nosso país. No entanto, é fundamental que essas pessoas tenham a mentalidade correta, a mentalidade de Investidor. Como mostraremos, as pessoas que entram na Bolsa com a mentalidade de Trader e a ilusão do lucro especulativo de curto prazo vão, provavelmente, quebrar a cara. Aí, além do prejuízo privado, perde também o Brasil: quem passa por essa experiência possivelmente ficará com medo da Bolsa pelo resto da vida.

Muita gente operando ações de modo ativo como o Trader gera excelentes receitas para vários participantes do mercado, mas apenas no curto prazo. Além disso, se algumas dessas pessoas percebem que estão perdendo e param de operar, uma propaganda bem-feita sobre como ganhar dinheiro operando na Bolsa consegue, rapidamente, trazer novos interessados. Eventos com nomes atraentes como "Do Mil ao Milhão" têm tido sucesso de público por aqui. Isso não é bom.

Talvez essa seja mesmo a dinâmica natural do amadurecimento dos investidores amadores de um país. Como o olhar do grande público brasileiro se voltou para a Bolsa há pouco tempo, é possível que, em um primeiro momento, a ilusão sobre a possibilidade de tirar dali uma renda de curto prazo seja uma história fácil de ecoar. No entanto, com o passar do tempo, as pessoas podem ir se educando e se transformando de Traders em Investidores. Esperamos que nosso livro seja uma contribuição para que isso aconteça. Venham com a gente!

PARTE I
O Trader e seus vieses comportamentais

Vamos começar falando sobre a triste saga da pessoa física que se comporta como Trader — a quem chamamos neste livro simplesmente de Trader. O Trader gosta de operar ativamente na Bolsa e a vê como fonte de renda no curto prazo. Ele compra, vende, tem opinião sobre uma empresa, muda de opinião, acompanha de perto as notícias e os relatórios das casas de análise. Em geral, fica arrastando o mouse para cima e para baixo, desenhando nos gráficos dos preços das ações canais de alta e de baixa e outras figuras de nomes bonitos e complicados. Isso tudo em meio a constantes comentários do tipo: "Nossa, olha que curso de trade legal, esse cara é monstro, tenho que fazer!" "Ah, isso vai subir..." "Ih, isso vai cair..." "Agora é hora de all in!" "Agora é hora de ficar quieto." "Agora é hora de entrar comprado." "Agora é hora de entrar vendido." "Setor bom é esse." "Setor ruim é aquele." E por aí vai...

Esse é, de fato, o modo como pensa e age o Trader. E não estamos falando de pessoas que trabalham nesse ambiente integradas a uma grande e qualificada equipe que pensa 12, 15 horas por dia no assunto, com acesso a altas tecnologias. Estamos falando de médicos, dentistas, advogados, engenheiros, administradores, aposentados, estudantes, enfim, pessoas que não são profissionais do mercado, mas que acham que dá para ganhar dinheiro acompanhando o que acontece na Bolsa e comprando e vendendo ações ativamente.

Vamos analisar a fundo essa forma de lidar com a Bolsa, focando no desempenho real dos Traders, e o que mostraremos é surpreendente. Para usar uma analogia bastante comum no meio financeiro, podemos dizer que o resultado agregado dessa turma é pior do que seria o resultado agregado de macacos que operassem aleatoriamente na Bolsa. Depois de registrar esse fenômeno espantoso, tentaremos compreendê-lo. Como é possível pessoas se saírem pior do que macacos em uma atividade cerebral que está longe de ser pular de galho em galho? Para desvendar esse mistério, falaremos sobre os vieses comportamentais do mundo dos investimentos, que são os comportamentos recorrentes e prejudiciais que boa parte das pessoas exibe ao comprar e vender ações. Via de regra, tais comportamentos fazem com que elas comprem ações que estão caras.

PESSOAS *VERSUS* MACACOS NA BOLSA

Imagine uma sala de aula com muitos alunos que acabaram de fazer uma extensa prova com inúmeras questões de múltipla escolha. Cada questão trazia cinco alternativas de resposta, mas só uma era correta. Agora, vamos reunir todas as provas. Nessa grande pilha, o que podemos dizer sobre o percentual de questões respondidas corretamente?

Bom, primeiro, suponhamos um caso extremo: todos os alunos chutaram todas as questões. Sem nem ler, marcaram ao acaso uma das cinco alternativas de cada pergunta. Voltando à nossa analogia, vamos considerar que não foram pessoas que fizeram as provas, e sim macacos. Quantas questões eles acertaram? Bem, como o número de questões é alto e como cada questão tem apenas uma alternativa correta em um total de cinco, o percentual de perguntas respondidas com acerto pelos macacos deve ficar bem perto de 20%.

Deixemos agora os macacos de lado. Afinal, as provas não foram chutadas, foram respondidas por pessoas, alunos normais que leram as questões e tentaram respondê-las como acharam melhor. É possível que o percentual de questões respondidas corretamente pelas pessoas seja menor do que 20%? É possível que nossos queridos alunos, que fizeram a prova com seriedade, apresentem um desempenho pior que o dos macacos? Difícil... mas não impossível!

Imagine o seguinte cenário. A prova foi elaborada por um professor muito "do mal" que caprichou nas pegadinhas — cada uma mais traiçoeira que a outra. O aluno lia a questão, tentava inferir a alternativa correta e, a não ser que tivesse domínio completo da matéria, era sempre induzido a escolher uma opção errada. Muito cruel esse professor... Nesse caso, os alunos poderiam ir, sim, pior do que os macacos, não é? Com tantas pegadinhas implacáveis, seria melhor que tivessem feito como os símios, isto é, que tivessem chutado a prova toda.

Feita essa digressão, passemos à Bolsa de Valores. A história por lá é bem parecida. Em conjunto, operações de compra e venda de ações realizadas por pessoas costumam apresentar um desempenho pior do que se tivessem sido levadas a cabo de modo aleatório. E isso acontece porque a Bolsa é como uma prova recheada de pegadinhas que fazem aflorar nos investidores os vieses comportamentais de cada um. Essa é, de fato, a conclusão a que chegaram os autores de alguns artigos acadêmicos publicados em excelentes revistas científicas. Cada um desses artigos usa uma metodologia e um banco de dados diferente para estudar o desempenho das pessoas na Bolsa. Com bastante calma, vamos comentar todos esses estudos, já que o objetivo aqui é documentar direitinho essa história de que pessoas operam ativamente na Bolsa com um resultado pior do que os obtidos por macacos. Vamos lá.

Em 1999, o professor Terrance Odean publicou um artigo em que analisa o comportamento e o desempenho de 10 mil investidores amadores, todos eles pessoas físicas.[1] No banco de dados investigado por ele constavam todas as compras e vendas de ações efetuadas por esses indivíduos entre 1987 e 1993 em uma grande corretora dos Estados Unidos especializada em investidores individuais. Esse foi o primeiro artigo a documentar o fato de que as operações executadas por esse tipo de investidor redundam em um desempenho pior do que se tivessem sido conduzidas de modo aleatório ou, mantendo a nossa analogia, por macacos. O artigo registrou esse processo de duas maneiras distintas.

O banco de dados continha 49.948 operações de compra de ações e 47.535 operações de venda. A primeira análise feita por Odean foi a seguinte: ele calculou o retorno acumulado nos 84 dias úteis (quatro meses) após cada operação e, a seguir, calculou a média desses retornos entre as 49.948 operações de compra e a média desses retornos entre as 47.535 operações de venda. Ou seja, calculou as duas médias.

Como no exemplo da prova de múltipla escolha na sala de aula, vamos pensar primeiro no caso hipotético dos macacos. Imagine que foram macacos que tomaram, entre 1987 e 1993, 49.948 decisões de compra de ações e 47.535 decisões de venda. A cada dia iam lá e escolhiam aleatoriamente as ações que queriam comprar e as que queriam vender. Sendo assim, o que devemos esperar sobre a média dos retornos acumulados 84 dias à frente das decisões de compra e sobre a média dos retornos acumulados 84 dias à frente das decisões de venda? Sim, elas devem ser próximas. Afinal, há muitas decisões de compra e muitas decisões de venda, todas levadas a termo aleatoriamente dentro de um mesmo período.

Partindo dessa ideia, pensemos agora nas pessoas. Se pessoas são melhores do que macacos ao decidirem que ações comprar, que ações vender e quando isso será feito, o que devemos então observar? Lembrando: no caso dos macacos, espera-se que o retorno médio depois de todas as compras seja igual ao retorno médio depois de todas as vendas. E no caso das pessoas? Bom, se elas tiverem mais habilidade que os macacos para operar ações, o retorno médio depois de todas as compras deve ser maior do que o obtido depois de todas as vendas. Sim, as ações que as pessoas decidem comprar devem apresentar um resultado melhor, nos quatro meses seguintes, do que as ações que elas decidem vender. Simples assim.

Mas o que o professor Odean encontrou foi o oposto disso. O retorno médio acumulado nos quatro meses após todas as compras (1,83%) foi menor do que o retorno médio acumulado nos quatro meses após todas as vendas (3,19%). Conclusão: as pessoas, ao decidirem o que e quando comprar e o que e quando vender, tomam decisões piores do que os macacos tomariam.

Por que Odean escolheu 84 dias úteis (quatro meses) para calcular o retorno de cada operação? Porque, de acordo com ele, esse é o horizonte médio das pessoas que operam ações (sim, é um horizonte relativamente curto e, sim, deve ser um número que varia muito de pessoa para pessoa). Contudo, ele também fez as contas usando horizontes mais longos, de 252 dias úteis (um ano) e de 504 dias úteis (dois anos), e os resultados foram similares. O retorno médio acumulado nos 252 dias depois de todas as compras foi de 5,69%, e o retorno médio acumulado nos 252 dias depois de todas as vendas foi de 9,00%. Para 502 dias, esses números foram 24,00% e 27,32%, respectivamente.

Podemos, então, interpretar essa evidência da seguinte maneira: teria sido melhor se as pessoas comprassem o que gostariam de vender e vendessem o que gostariam de comprar! Em seu artigo, Odean apresentou uma segunda análise, a partir de um fundo de investimento hipotético que copiasse o que as 10 mil pessoas estivessem fazendo com cada ação. No início de cada mês, o fundo olharia, ação por ação, se as 10 mil pessoas, no agregado, haviam decidido comprar ou vender cada ação num passado recente. Em seguida, a estratégia do fundo para cada mês seria simplesmente comprar as ações que as pessoas estariam comprando e vender as ações que as pessoas estariam vendendo. Qual seria o desempenho desse fundo?

O desempenho desse fundo seria bem ruim. Tanto para o retorno médio simples quanto para a alfa — conforme se denomina a medida de retorno médio descontado o risco —, o fundo apresentaria números sempre negativos. Portanto, um fundo que decidisse seguir os passos dos investidores individuais perderia dinheiro de forma consistente. E, claro, um fundo que fizesse o contrário do que as pessoas fazem ganharia dinheiro consistentemente — e essa é, aliás, uma estratégia que alguns fundos tentam adotar.

Tais resultados são impactantes. OK, em um mercado supercompetitivo como o acionário, poderíamos até esperar que amadores que ficam operando ações para lá e para cá acabem tendo, em média (antes de considerarmos os custos de transação), um retorno equivalente ao de macacos que operam aleatoriamente. Mas irem pior do que macacos, comprando o que tem de ser vendido e vendendo o que tem de ser comprado? Como assim? Pois é... Mas, antes de pensarmos nesse fascinante "como assim?", vamos ver outras evidências empíricas desse fato bizarro.

Em artigo publicado em 2001, Terrance Odean e o também professor Brad Barber analisaram um banco de dados atualizado da mesma corretora usada por Odean no citado artigo de 1999.[2] No novo texto, eles observaram a carteira completa de 35 mil pessoas e todas as compras e vendas de ações efetuadas por esse grupo entre fevereiro de 1991 e janeiro de 1997. Uma análise feita pelos professores em uma das tabelas do artigo é bastante reveladora. Nela, para cada investidor, os autores calcularam duas medidas de retorno.

A primeira medida referia-se ao retorno obtido em cada mês, de acordo com tudo o que cada um operara de verdade, ignorando-se quaisquer custos de transação, como corretagem e emolumentos. A segunda medida referia-se ao retorno que o investidor teria obtido mês a mês, caso tivesse mantido sua carteira sem qualquer movimentação nos 12 meses seguintes, a contar do início do ano. Comparar as duas medidas, então, seria apontar, basicamente, se as decisões de compra e venda tomadas ao longo de cada ano haviam sido benéficas, maléficas ou neutras. Os investidores agiram bem ao sair comprando e vendendo ações ou deveriam ter ficado quietinhos com sua carteira, tal qual ela se encontrava lá no começo do ano?

Se fossem macacos operando aleatoriamente, esperaríamos que as movimentações ao longo do ano (sempre ignorando os custos de transação) nem ajudariam nem atrapalhariam. Dito de outra forma, o retorno médio mensal das carteiras reais dos macacos deveria ser igual ao retorno médio mensal de suas carteiras no caso de eles terem ficado paradinhos em seus respectivos galhos desde o começo do ano. No entanto, na mesma direção do artigo de 1999, aqui também os professores verificaram que as pessoas operam pior do que os símios: elas se machucam ao tomarem decisões de compra e venda de ações (vale repetir, mesmo sem levar em conta os custos de transação).

Em seu estudo, Odean e Barber separaram investidores homens de investidores mulheres por um motivo que discutiremos mais adiante — por enquanto, basta saber que os autores encontraram diferenças na atuação dos dois grupos. O retorno médio mensal das carteiras reais dos homens foi 0,07% (0,84% ao ano) inferior ao que eles teriam obtido se tivessem ficado quietos com suas carteiras desde o começo do ano. No caso das mulheres, o retorno foi 0,04% (0,48% ao ano) inferior ao que elas teriam obtido se tivessem ficado quietas com suas carteiras desde o começo do ano.

Outro importante artigo que avalia o desempenho das decisões de compra e venda dos investidores amadores foi desenvolvido pelos professores Mark Grinblatt e Matti Keloharju, com base em dados da Finlândia entre 1995 e 1996.[3] Na época, havia apenas 16 ações líquidas na Bolsa do país, entre as quais a mais famosa era a Nokia. Para descobrir se as pessoas operam melhor, igual ou pior do que se operassem aleatoriamente, isto é, tais quais macacos, os autores do artigo usaram uma metodologia específica. A cada dia dos dois anos abarcados pelo banco de dados, as 16 ações eram ranqueadas de acordo com seus retornos acumulados nos 120 dias (seis meses) úteis à frente.

Por exemplo, no topo do ranking do dia 15 de maio de 1995 estava a ação que, no acumulado dos 120 dias úteis à frente dessa data, teria o melhor desempenho entre as 16 ações. No segundo lugar do ranking do mesmo dia estava a ação que, no acumulado dos 120 dias úteis à frente dessa data, teria o segundo melhor desempenho entre as 16 ações. E assim por diante. Era como se os professores tivessem uma bola de cristal que pudesse ir indicando quais ações iriam melhor ou pior no futuro.

Feito esse ranking diário, Grinblatt e Keloharju selecionavam então, em cada data, as quatro ações do topo do ranking (as quatro que iriam melhor no futuro) e as quatro ações "da lanterna" (as quatro que iriam pior no futuro). Lembrando que eles observavam todas as operações realizadas na Finlândia naqueles dois anos (1995 e 1996), eles calculavam, em cada data, quanto as pessoas, no total, haviam comprado ou vendido das quatro ações do topo e quanto haviam comprado ou vendido das quatro ações da lanterna.

Voltemos ao dia 15 de maio de 1995. Segundo os professores, os investidores amadores finlandeses "mandaram bem" naquele dia caso tenham comprado mais das quatro ações do topo do ranking do que das quatro ações da lanterna do ranking. Trocando em miúdos, as pessoas "mandaram bem" se compraram mais das ações que iriam apresentar o melhor desempenho nos 120 dias à frente do que das ações que iriam apresentar o pior desempenho nos 120 dias à frente.

Seguindo esse método, Grinblatt e Keloharju conseguiram definir, para cada dia de 1995 e de 1996, se as pessoas mandaram bem (compraram mais ações do topo do que da lanterna) ou mandaram mal (compraram mais ações da lanterna do que do topo). Como observavam não só as operações das pessoas físicas, mas também de todos os outros tipos de investidor (bancos, fundos etc.), eles definiram ainda se esses outros grupos de investidores mandaram bem ou mal ao operarem na Bolsa em cada dia.

Voltemos ao planeta dos macacos. Quanto a esses nossos primos que operam de maneira aleatória, nós os observaríamos, com uma amostra longa o suficiente (e dois anos é uma amostra longa o suficiente), mandando bem em 50% dos dias (comprando mais das quatro ações do topo do que das quatro da lanterna) e mandando mal em 50% dos dias (comprando mais das quatro ações da lanterna do que das quatro do topo). E o que os professores apuraram sobre os investidores amadores finlandeses? Eles mandaram bem em mais ou em menos do que 50% dos dias? Nesse estágio da discussão, a resposta já não deve ser surpresa. Os finlandeses mandaram bem em apenas 44,8% dos dias! Sim, mais uma vez temos evidências de que pessoas podem operar pior do que macacos operariam!

Da Finlândia seguimos para Taiwan. Os taiwaneses adoram operar no mercado financeiro, por isso os professores Brad Barber e Terrance Odean foram investigar de perto o desempenho desses investidores, agora tendo como parceiros no projeto os coautores Yi-Tsung Lee e Yu-Jane Liu. Eles começaram analisando todos os negócios de todas as pessoas físicas na Bolsa de Taiwan entre 1995 e 1999. A metodologia empregada aqui foi a mesma adotada por Odean em seu estudo de 1999, aquele em que ele imaginou um fundo que copiava as decisões que as pessoas tomavam na Bolsa.

No início de cada mês, o fundo olharia, ação por ação, se as pessoas, no agregado, decidiram comprar ou vender uma determinada ação no passado recente. Aí, a estratégia do fundo para aquele mês seria comprar as ações que as pessoas estavam comprando e vender as que elas estavam vendendo. Como no artigo de 1999, mas aqui olhando para a totalidade dos investidores individuais em Taiwan, o resultado do fundo foi negativo tanto em termos de retorno médio quanto em termos de alfa (sempre vale enfatizar: sem considerar quaisquer custos de transação). Ou seja, as pessoas, consistentemente, compram o que no futuro vai pior e, consistentemente, vendem o que no futuro vai melhor. Também em Taiwan.

Para complementar essa evidência internacional, trazemos uma evidência atual sobre o Brasil. Em nossas pesquisas acadêmicas temos utilizado um banco de dados proveniente da Comissão de Valores Mobiliários (CVM), o qual nos permite acompanhar todas as operações das pessoas no mercado acionário nacional entre 2012 e 2018.[4] Para nossa análise, pegamos nesse banco de dados todas as compras levadas a cabo pelas pessoas na Bolsa brasileira entre essas duas datas. Foram 19.127.350 compras no nível investidor-ação-dia, considerando-se apenas ações minimamente líquidas, isto é, as que nos 180 dias anteriores haviam movimentado todos os dias ao menos 1 milhão de reais.

Em seguida, classificamos cada uma das 19.127.350 compras como "boa" quando o retorno da ação adquirida era maior do que o retorno médio de todas as ações, considerando-se 120 dias úteis à frente. Ou seja, considerávamos a compra boa se a pessoa tivesse escolhido uma ação que iria melhor que a média no mercado no futuro. Assim, se estivéssemos falando de macacos, esperaríamos que 50% das compras fossem classificadas como boas, não é mesmo? Mas qual foi o percentual das compras das pessoas classificadas como boas? Mais do que 50%? Ou menos do que 50%? Sim, menos do que 50%, mais precisamente, 46,5%.

Pois é, nós, brasileiros, não somos diferentes de americanos, finlandeses e taiwaneses. No conjunto, também somos piores do que macacos quando vamos operar ações. E agora chegamos à pergunta crucial: como as pessoas conseguem ir pior do que macacos quando operam ativamente na Bolsa, que é uma atividade cerebral?

É aí que os vieses comportamentais entram em ação.

Se os alunos que fizeram aquela prova de múltipla escolha se saíram pior do que se tivessem chutado todas as respostas é porque, como já concluímos, essa prova devia estar recheada de pegadinhas. O mesmo vale para a Bolsa. Se as pessoas que operam ações fazem, em geral, escolhas piores do que fariam se escolhessem as ações de maneira aleatória, essa "prova da Bolsa" também deve estar recheada de pegadinhas que enganam os investidores amadores, por conta de seus vieses comportamentais. São esses vieses comportamentais que vamos discutir agora.

Sabemos que muita gente que apresenta desempenho ruim na Bolsa continua operando ações. Sim, os Traders são persistentes! Apanham, apanham, mas continuam indo para a briga... Por quê? O que pode explicar o fato de que, mesmo saindo machucadas, tendo desempenho pior do que o de um macaco e, ainda por cima, pagando custos de transação, tantas pessoas insistam em participar do mercado acionário de maneira ativa? A resposta pode estar nos dois primeiros vieses comportamentais que discutiremos a seguir: "excesso de confiança" e "busca por adrenalina". Comecemos, então, por aí.

OS VIESES
COMPORTAMENTAIS

1
O Trader se acha melhor do que de fato é.

Em um artigo de 2009, os professores Amit Seru, Tyler Shumway e Noah Stoffman mostraram que, mesmo apresentando desempenho ruim na Bolsa, as pessoas continuam operando ações — e, em geral, mantendo o desempenho ruim, ainda que a tendência seja ficar um pouquinho menos ruim.[5] Examinando com cuidado um banco de dados que reunia todas as operações realizadas por todos os investidores amadores da Finlândia entre 1995 e 2003 e que trazia mais de 22 milhões de observações, os professores verificaram que é de 15% a probabilidade de uma pessoa que tenha um desempenho igual a um desvio-padrão abaixo do desempenho médio dos investidores amadores desistir de operar (trata-se de alguém com desempenho bastante ruim, já que, como visto, a média de todas as pessoas que investem na Bolsa é ruim). Ou seja, em 85% dos casos, mesmo mandando muito mal, elas continuam operando ativamente.

O que poderia explicar esse fenômeno? Os professores Brad Barber e Terrance Odean já haviam assinalado no aludido artigo de 2001[6] que uma característica forte da grande maioria das pessoas é ter excesso de confiança nas próprias habilidades. Por exemplo, se você perguntar em qualquer grande sala de aula quantos ali acham que dirigem melhor do que o motorista mediano, quase todos levantarão a mão!

Em geral, nos achamos melhores do que de fato somos. No entanto, em situações em que o desempenho real é bastante evidente (por exemplo, jogar tênis, falar uma língua estrangeira), o excesso de confiança tende a ser menor. Já em situações em que o desempenho real é mais difícil de ser percebido e medido (por exemplo, dirigir), o excesso de confiança tende a ser maior. Na Bolsa, particularmente, é complicado aferir o desempenho real, uma vez que é fundamental descontar os movimentos agregados do mercado. Em períodos de Bolsa em alta, é fácil achar que você sabe escolher ações. Em períodos de Bolsa em baixa, é fácil culpar a economia pelo seu mau resultado. O fato de seu desempenho real estar sempre poluído pelos movimentos sistemáticos do mercado é um prato cheio para o autoengano.

Assim, Barber e Odean propõem que o excesso de confiança pode explicar, ao menos em parte, por que tantos insistem em continuar participando do mercado acionário de maneira ativa mesmo se saindo pior do que macacos. Esses investidores acham que têm uma performance melhor do que realmente têm. E a hipótese do autoengano faz, sim, bastante sentido, embora, em seu estudo, os dois professores não tenham conseguido apresentar um teste empírico convincente dessa hipótese. Medir excesso de confiança é difícil, pois é algo que está dentro da cabeça de cada um, e a medida que eles propõem no artigo não é a ideal.

Barber e Odean inovaram ao distinguir investidores homens de investidores mulheres. Conforme explicam, há ampla evidência na literatura de psicologia de que homens tendem a apresentar mais excesso de confiança do que mulheres (vamos discutir essa questão mais adiante). Dito isso, os professores mostram que, de fato, observando a atuação de todos os homens e mulheres que operaram ações ativamente no banco de dados do qual ambos se utilizaram em sua análise, constata-se que os homens tenderam a girar mais suas carteiras, a despeito de, como já apontado por nós, se ferirem mais com isso — quase o dobro do resultado das mulheres. Para os autores, essa evidência empírica é consistente com a hipótese de o excesso de confiança levar as pessoas a continuar operando mesmo com desempenho ruim, isto é, mesmo quando não percebem ou não admitem que esse desempenho é ruim.

2
O Trader gosta de adrenalina.

Em artigo publicado em 2009, os professores Mark Grinblatt e Matti Keloharju defendem que o fato de homens girarem mais suas carteiras do que mulheres, apesar do resultado ruim, não decorre, necessariamente, de excesso de confiança.[7] Eles observam que, além de maior excesso de confiança, os homens tendem a exibir mais ostensivamente outra característica que também poderia levá-los a operar mais do que as mulheres: o gosto por adrenalina (*sensation seeking*). Os autores definem o gosto por adrenalina como sendo o prazer por atividades como apostar, correr ao volante, manter uma vida sexual arriscada, trocar de emprego com frequência, abusar de álcool e outras drogas, praticar esportes radicais com regularidade, entre outros.

Grinblatt e Keloharju destacam que esse gosto por adrenalina não se relaciona com o conceito usual de "aversão ao risco", tão importante em economia e finanças. Uma pessoa que tem baixa aversão ao risco vai querer montar uma carteira de investimentos mais arriscada, já a pessoa que tem gosto por adrenalina não se satisfará apenas com uma carteira de investimentos mais arriscada. Ela vai querer olhar o mercado todos os dias, operar com frequência, entrar e sair de posições, sentir o prazer da novidade e da ação.

Os autores notam que, se os homens, além de terem mais excesso de confiança, possuem também mais gosto por adrenalina, os resultados empíricos arrolados pelos professores Barber e Odean em seu já mencionado artigo de 2001 não são conclusivos de que os homens operam mais do que as mulheres somente por conta de excesso de confiança.[8] Poderia vir (também) do gosto por adrenalina. Grinblatt e Keloharju exploram então um rico banco de dados, novamente da Finlândia, para tentar entender melhor essa história. O objetivo é construir boas medidas tanto para o excesso de confiança quanto para o gosto por adrenalina e então cruzá-las com os dados de intensidade de trading — e as medidas propostas por eles são bem interessantes.

Na Finlândia, para dirigir em alta velocidade é preciso gostar muito. Isso porque o valor da multa é alto e, mais importante, proporcional ao tamanho da riqueza do infrator. Se você é rico, sua multa será altíssima. Grinblatt e Keloharju citam dois casos em seu artigo de 2009. Um empresário muito rico, chamado Jussi Salonoja, recebeu uma multa de 170 mil euros por dirigir a 80 km/h em uma via com limite de 40 km/h. Já o alto executivo da Nokia Anssi Vanjoki recebeu uma multa de 80 mil euros por dirigir a 75 km/h em uma via com limite de 50 km/h. Quer dizer, para ultrapassar o limite de velocidade na Finlândia é preciso gostar muito de adrenalina, já que tal infração tem sérias consequências para todos — mais ricos ou mais pobres. Assim, os professores usam o número de multas por excesso de velocidade como indicador do gosto por adrenalina das pessoas. Obviamente, é um indicador imperfeito. Mas, com certeza, capta alguma coisa.

Para construir a medida de excesso de confiança, Grinblatt e Keloharju buscaram dados do Exército finlandês. O serviço militar na Finlândia é obrigatório para os homens após a maioridade. Porém, diferentemente daqui, no momento do alistamento os finlandeses precisam responder a um longo questionário sobre avaliação psicológica e fazer uma prova que aborda conhecimentos quantitativos, verbais e de lógica. Foi a partir da análise desses dois resultados, obtidos com o questionário e a prova, que os autores passaram a medir o **excesso de confiança** de cada candidato às Forças Armadas.

Parte dessa avaliação psicológica é construída para determinar o nível de autoconfiança de cada um. Nessa etapa da avaliação, uma pessoa com pontuação alta é classificada como alguém com bastante autoconfiança e que, portanto, se acha inteligente, acredita que não precisa tanto da ajuda dos outros e confia que terá sucesso na vida. Já o candidato com pontuação baixa é classificado como alguém com baixa autoconfiança. A medida de excesso de autoconfiança é então elaborada pelos dois professores como sendo a diferença entre a medida de autoconfiança e o resultado obtido pela pessoa na prova que mede suas habilidades quantitativas, verbais e de lógica. Uma pessoa que "se acha" mas que vai mal na prova é classificada como dona de alto excesso de autoconfiança. Uma pessoa que "não se acha" e vai bem na prova é classificada como tendo baixo excesso de autoconfiança (ou, mais precisamente, excesso de autoconfiança negativo). Faz bastante sentido.

A partir daí, Grinblatt e Keloharju tiveram apenas de correlacionar a intensidade com que cada indivíduo operava na Bolsa com essas medidas de gosto por adrenalina e de excesso de autoconfiança. E os resultados evidenciaram que ambas as características podem mesmo explicar a intensidade com que cada pessoa opera. Por exemplo, uma pessoa multada por excesso de velocidade faz, em média, 7% a mais de operações na Bolsa do que alguém que não tomou nenhuma multa (pessoas comparáveis também em termos de outras características, como renda, riqueza, idade etc.). Além disso, segundo os autores, exibir maior excesso de autoconfiança, de acordo com os dados da época do alistamento militar, também prediz maior número de operações.

O gosto por adrenalina pode até mesmo fazer com que investidores profissionais operem mais do que deveriam e fiquem gastando corretagem e correndo risco à toa com o dinheiro dos outros. É isso o que aponta um artigo de 2018 escrito por Stephen Brown, Yan Lu, Sugata Ray e Melvyn Teo.[9] Eles constroem um banco de dados muito interessante com os veículos comprados por 5.479 gestores de fundos, 4.505 deles localizados nos Estados Unidos. Documentam então que os gestores que compram carros esportivos, daqueles com potência para circular em alta velocidade, também giram mais suas carteiras, a despeito de seus fundos irem pior se medidos por outros índices de performance.

Dito de outro modo: não é que essas pessoas ganhem mais dinheiro no mercado e, por isso, podem comprar carros mais caros. Não, o fundo que elas geram vai pior — e as comparações são feitas, naturalmente, entre fundos com características semelhantes (talvez, então, quando você for alocar algum dinheiro em algum fundo, pode valer a pena dar uma espiadinha no carro que seu gestor dirige!). Ou seja, de acordo com as evidências empíricas acumuladas até o momento, pessoas que continuam operando ações mesmo com fraco desempenho devem, provavelmente, apresentar ao menos uma destas duas características: ou se acham melhores do que são ou têm gosto pela forte adrenalina propiciada pelo ambiente competitivo da Bolsa.

# 3
O Trader não gosta de admitir que errou.

Os vieses comportamentais 1 e 2 explicam por que muitas pessoas continuam operando ativamente na Bolsa apesar do desempenho ruim. Agora, abordaremos os vieses comportamentais que podem explicar como é possível a maioria das pessoas apresentar desempenho pior (antes mesmo de considerarmos os custos de transação) do que se operassem de maneira aleatória. Para responder a essa questão, comecemos nossa investigação pelo viés comportamental mais bem documentado na literatura das Finanças Comportamentais: o efeito disposição.

O efeito disposição é a forte tendência de realizar ganhos muito mais facilmente do que perdas. Imagine que você comprou uma ação, e ela sobe. Você decerto terá uma intensa vontade de vendê-la para colocar logo o dinheiro no bolso. Por outro lado, se compra a ação e ela cai, terá enorme dificuldade de aceitar que errou e de vender a ação no prejuízo. O efeito disposição é isso.

O primeiro artigo a abordar esse comportamento (e batizá-lo) foi publicado em 1985 pelos professores Hersh Shefrin e Meir Statman.[10] Mas foi somente em 1998 que o professor

Terrance Odean apresentou a primeira evidência empírica desse comportamento, a partir de um estudo que levou em conta a atuação de um bom número de investidores.[11] Tratava-se de um banco de dados de uma grande corretora americana com as operações de 10 mil investidores amadores realizadas entre 1987 e 1993, banco que também serviu de base para a argumentação desenvolvida por Odean em seu artigo pioneiro de 1999, conforme já mencionamos.

A cada decisão de compra ou venda de ações por parte de cada uma das 10 mil pessoas, Odean fazia uma conta a partir das seguintes perguntas: naquele dia, quantas ações estavam com ganho na carteira de determinada pessoa, isto é, com preço maior do que o pago por elas?; e quantas ações estavam com perda, isto é, com preço menor do que o pago por elas? Vamos supor que, naquele dia, a tal pessoa possuía oito ações na carteira: três com ganho e cinco com perda. O professor então avaliava as ações que a pessoa decidira vender naquele dia e anotava quantas estavam com ganho e quantas estavam com perda. Agora vamos supor que a tal pessoa vendeu uma ação com ganho e outra com perda.

Com base nesses números, Odean calculava duas medidas: a proporção das perdas realizadas (um dividido por cinco, nesse exemplo) e a proporção dos ganhos realizados (um dividido por três) por aquela determinada pessoa naquele dia. Assim, sempre que alguém vendia uma ação, o professor calculava para aquela pessoa, naquele dia, a proporção das perdas realizadas (PPR) e a proporção dos ganhos realizados (PGR). Depois, calculava a média na amostra inteira dessas duas variáveis usando todas as pessoas em todos os dias em que elas venderam alguma ação.

Se as pessoas não diferenciam *ações com ganhos* de *ações com perdas* na hora de escolher uma ação para vender (elas consideram outros critérios quando tomam a decisão sobre qual ação vender), a média da variável PPR da amostra toda será igual à média da variável PGR. No entanto, se as pessoas preferem vender ações que estão no lucro, a média da variável PPR será menor que a média da variável PGR. E foi exatamente isso que o professor documentou em seu artigo.

A média da variável PPR encontrada por Odean foi 0,098, enquanto a média da variável PGR foi 0,148 — uma diferença muito grande, de mais de 50%. Em outras palavras, isso significa que a chance de uma pessoa vender uma ação que está com ganho é, nesse banco de dados, mais de 50% maior do que a chance de ela vender uma ação com perda. E essa grande diferença foi corroborada por muitos outros artigos de vários outros autores publicados a partir de estudos feitos com bancos de dados diversos.

Por que nos comportamos assim? Um motivo largamente apontado é o de que, quando estamos ganhando, ficamos avessos ao risco (por isso queremos sair da posição arriscada, vendendo a ação). Contudo, quando estamos perdendo, ficamos amantes do risco (e queremos continuar na posição arriscada). Tal explicação se fundamenta em diversos estudos sobre o comportamento humano realizados pelos professores Daniel Kahneman, Nobel de Economia em 2002, e Amos Tversky, já falecido no ano da premiação, que não é entregue postumamente.

No entanto, pode haver também outra justificativa por trás do efeito disposição: simplesmente não gostamos de reconhecer que erramos. Ao vendermos uma ação que está no prejuízo, estaremos reconhecendo que, de fato, erramos ao comprá-la. Em um artigo publicado em 2016, o professor Rawley Heimer apresenta evidências de que essa história do "é chato reconhecer que errou" pode mesmo ser um dos motivos do efeito disposição.[12]

Se é chato reconhecer um erro para nós mesmos, mais chato ainda é reconhecê-lo na frente de outras pessoas. E o que Heimer destaca é que quem faz day-trade passa a fazer parte de uma rede social na qual todos os seus trades, quando encerrados, ficam públicos para os amigos, então o efeito disposição dobra! Vender uma posição com prejuízo quando outras pessoas estão olhando é mais constrangedor do que quando ninguém vai saber.

Entendido o efeito disposição e suas potenciais razões, resta a pergunta fundamental: por que o efeito disposição é prejudicial ao nosso desempenho, já que nos leva a fazer escolhas piores do que macacos? Porque, por um motivo que ninguém entende muito bem, os preços das ações tendem a exibir *momentum*, isto é, quando sobem no passado têm uma chance ligeiramente maior do que 50% de continuarem subindo no futuro (nos meses seguintes). E quando caem no passado têm uma chance ligeiramente maior do que 50% de continuarem caindo no futuro (nos meses seguintes). Esse comportamento dos preços das ações também é algo bem documentado na literatura de finanças empíricas.

Se existe esse tal *momentum* (e, sim, ele existe), o viés do efeito disposição machuca bastante. Pensemos. Você compra uma ação e o valor dela sobe. Por causa do *momentum*, a chance de essa ação continuar subindo é um pouco maior do que a chance de ela mudar de direção e cair no futuro. No entanto, uma pessoa com efeito disposição tem a tendência de vender essa ação o quanto antes e, assim, perder a alta futura, caso ela venha a ocorrer. Por outro lado, você compra uma ação e o valor dela cai. Por causa do *momentum*, a chance de essa ação continuar caindo é um pouco maior do que a chance de mudar de direção e começar a subir. No entanto, uma pessoa com efeito disposição tem a tendência de não vender essa ação e, assim, sofrer de novo com a possível queda adicional futura dessa ação.

No referido artigo de 1998, o professor Odean mostrou números que evidenciam o drama de quem sofre do efeito disposição. As ações que estavam com ganho e foram vendidas pelos investidores amadores que integravam o banco de dados em que o professor se baseava tiveram retorno, na média, 2,35% acima do mercado no ano seguinte. Por outro lado, as ações que estavam com perda e não foram vendidas pelos investidores tiveram retorno, na média, 1,06% abaixo do mercado no ano seguinte. Isso equivale a dizer que o efeito disposição dá um belo empurrãozinho para que as pessoas apresentem desempenho pior que o de macaquinhos. Porque, é claro, eles não diferenciariam as ações com ganho das ações com perda na hora vender!

4
O Trader tem atenção limitada e acaba comprando o que está saliente.

O viés comportamental que se refere à atenção limitada por parte do investidor amador é uma grande pegadinha. E os professores Brad Barber e Terrance Odean — de novo eles — foram os primeiros a falar sobre isso em um artigo de 2008.[13] Imagine que você acordou hoje com a ideia de comprar uma ação com um dinheiro que está sobrando em sua conta-corrente. Você deve então decidir qual ação comprar. Quantas ações existem no mercado? Muitas. No Brasil, hoje em dia, minimamente líquidas há umas 150, 200 (nos Estados Unidos, umas 3 mil). Você vai conseguir pensar sobre cada uma dessas 200 ações para decidir qual comprar? Definitivamente, não. Afinal, você não tem uma equipe para isso e, daqui a pouco, precisa levar seu filho para a escola.

Quantas ações você vai conseguir considerar na sua análise? Sei lá, talvez umas cinco? Dificilmente mais do que 10. OK, imagine que você conseguiu avaliar 10 ações e tomou sua decisão. No mesmo dia, outras tantas pessoas, como você, estão vivendo a mesma situação: buscam uma ação para comprar e só conseguem avaliar, digamos, umas dez. Os conjuntos de 10 ações que cada pessoa está avaliando devem conter ações diferentes. Algumas, porém, vão constar de vários desses conjuntos, sofrendo, assim, uma provável pressão de compra naquele dia. Que ações são essas? As ações que, por algum motivo (positivo, negativo, relevante ou irrelevante), estão salientes naquele dia.

Imagine que, no mesmo dia, no topo de um site de notícias do mercado financeiro em que muita gente entra, foi estampada uma entrevista com o CEO de uma empresa de capital aberto. Lá estão uma foto grande do sujeito, engravatado, e o link que remete para a matéria. Na entrevista, o CEO não emite nenhuma informação relevante sobre a empresa e a conversa com o repórter gira em torno de suas expectativas para o Brasil, as eleições, coisas do tipo. Mesmo assim, algo importante acontece com as ações dessa empresa por conta da publicação da entrevista: elas ficam salientes para os investidores individuais. Se muitas das pessoas que querem comprar uma ação nesse dia entram nesse site e veem a cara do CEO na foto (nem precisam ler a entrevista), muito provavelmente essa empresa vai estar na lista das 10 que cada uma dessas pessoas vai avaliar para comprar. Como consequência, a pressão de compra sobre a ação dessa empresa tem boas chances de ser maior.

Em suma: como a capacidade de análise das pessoas sobre as empresas é limitada (nós, investidores amadores, só conseguimos pensar em algumas quando queremos comprar ações), as empresas que estão mais salientes devem, em geral, sofrer maior pressão de compra. Se conseguíssemos ampliar o leque de análise quando estamos decidindo o que comprar, o efeito da saliência acabaria sendo inócuo. Mas não é o caso.

Importante notar que, para decisões de venda, o efeito da saliência da ação deve ser consideravelmente menor. Vale dizer: se uma ação está saliente no dia, ela não sofrerá uma pressão de venda que acabará compensando a pressão de compra porque investidores amadores não costumam fazer venda a descoberto. Nós, pesssoas físicas, em geral só vendemos as ações que temos. Assim, se estamos precisando de dinheiro e queremos vender uma ação, não precisamos olhar todas as 200 ações para decidir qual vender. Olhamos apenas as que temos em nossas carteiras. Como, em geral, são poucas (as pessoas diversificam pouco, conforme abordaremos mais adiante), conseguimos avaliar todas as que temos e decidir qual vender. O fato de alguma, eventualmente, estar mais saliente no dia acaba não afetando tanto o processo.

Toda essa história foi sugerida no mencionado artigo de 2008 dos professores Barber e Odean. E, em sua pesquisa, eles mostram de maneira empírica que, conforme esperado, empresas que estão mais salientes no dia (ou porque saíram notícias sobre elas; ou porque o volume de negociações de suas ações está maior do que o normal; ou porque o preço de suas ações está subindo ou caindo demais) são muito mais alvos de compra que de venda por parte de investidores individuais.

Em um artigo de 2011, os professores Zhi Da, Joseph Engelberg e Pengjie Gao trazem evidências empíricas adicionais de que ações que estão salientes para investidores individuais sofrem pressão de compra e têm, em geral, seus preços afetados.[14] Analisando a quantidade de buscas no Google pelo nome de determinada ação (a ferramenta pública Google Trends dá essa medida), eles registraram em seu artigo que, quando as buscas por alguma ação aumentam, seu preço é puxado de imediato para cima. Além disso, os professores demonstraram que, depois, nos meses seguintes, o preço cai e volta ao nível original.

Em 2020, usando dados brasileiros, nós publicamos, em conjunto com Anthony Silva, um artigo no qual constatamos que mesmo notícias irrelevantes geram esse efeito de saliência no comportamento dos investidores individuais.[15] No portal InfoMoney, que conta com intenso tráfego de investidores amadores, são comuns manchetes como "Banco Bradesco divulga sua carteira de ações recomendadas para o mês". Embora essa manchete não traga nenhuma novidade sobre o Bradesco, ela deixa o banco mais saliente para os leitores. De fato, notamos que nas datas em que manchetes desse tipo são publicadas no site ocorre uma pressão maior de compra por parte das pessoas atrás das ações do banco citado. Em nossa análise, usamos um banco de dados que nos permitiu acompanhar uma amostra aleatória de 50% de todas as operações de todas as pessoas físicas no mercado acionário brasileiro entre 2012 e 2017.

Naturalmente, pessoas que operam ações e estão sujeitas a esse efeito da saliência (potencialmente todas as pessoas) tenderão a apresentar um desempenho ruim. Se a saliência faz o preço de uma ação subir no curtíssimo prazo (por conta da pressão de demanda), preço que será revertido nos meses seguintes, comprar ações salientes, em geral, não é um bom negócio — você vai pagar caro por elas. Voltando ao paralelo com nossos macacos, eles, ao operarem aleatoriamente, não sofrem com esse problema.

5
O Trader gosta de ações com cara de loteria.

Quem não gosta de arriscar um pouco? É divertido colocar um dinheirinho em um negócio que tem a chance, mesmo remota, de dar um dinheirão. Loterias existem em todo o mundo desde que o mundo é mundo. De acordo com a Wikipédia, os primeiros sinais da existência de uma loteria remontam à dinastia chinesa Han, de 200 a.C. Desde então, é um sucesso total. Mas por que gostamos tanto de loterias? Pesquisas indicam que não conseguimos entender exatamente quão pequenas são as probabilidades muito pequenas. Por exemplo, ao comprarmos um bilhete da Mega-Sena, até podemos saber que a probabilidade de ganhar é de 1 em 50 milhões, mas não conseguimos perceber quão ridiculamente pequeno é isso. E acabamos agindo como se essas probabilidades fossem maiores do que são.

Quando vamos operar na Bolsa, transportamos para lá esse gosto por loteria, já que a Bolsa parece um bom lugar para fazer apostas, brincar de cassino. É o que concluiu o professor Alok Kumar em artigo de 2009.[16] Primeiro, ele definiu três características que uma ação teria de apresentar para ter "cara de loteria": além de preço baixo e volatilidade alta, ter apresentado, em algum dia do passado recente, um retorno muito alto (o que faz com que as pessoas queiram apostar que isso pode acontecer de novo).

Avaliando as carteiras de 78 mil investidores amadores nos Estados Unidos entre 1991 e 1996, o professor Kumar classificou de "ações com cara de loteria" aquelas que, a cada mês, apresentavam essas três características. Em seguida, determinou quanto de suas carteiras esses investidores alocavam nessas ações com cara de loteria. Como referencial, calculou que tais ações representavam em conjunto, na média do período, 1,25% do total da capitalização do mercado americano. E na carteira das pessoas? Bem, como era de esperar, bem mais, precisamente 4%, quer dizer, mais que o triplo, o que revela que as pessoas têm a tendência de se desviar da carteira de mercado em direção às ações com cara de loteria.

Como o professor apontou, as ações com cara de loteria acabam sendo, em sua maioria, de empresas novas, pequenas e menos líquidas. Assim, a demanda dos investidores individuais por essas ações pode acabar inflando seus preços. Para avaliar tal processo, Kumar simulou o desempenho de um fundo que todo início de mês compraria todas as ações com cara de loteria e venderia todas as outras que não tivessem cara de loteria. Conforme concluiu, confirmando que essas ações em geral tendem mesmo a estar com os preços inflados, esse fundo teria um desempenho consistentemente ruim.

Em outro artigo, de 2016, assinado também por Jeremy Page e Oliver Spalt, Kumar avalia que as operações em conjunto das pessoas têm mesmo o poder de mexer nos preços dessas ações com cara de loteria.[17] Assim, se você comprar uma ação com cara de loteria que muitos também estão comprando, provavelmente você vai pagar caro por ela. E, fazendo novamente o necessário paralelo com os macacos, voltamos a dizer que estes não sofrem desse problema. Ao escolherem suas ações de maneira aleatória, eles não concentram suas compras em nenhum tipo de papel. Bom para eles.

Outros ativos com cara de loteria muito em voga atualmente são as criptomoedas, que têm uma volatilidade altíssima: é o triplo da do Ibovespa e quase o quíntuplo da do dólar! Muitas pessoas, sem entender nada de criptomoedas, acabam investindo algum dinheiro nisso como se estivessem comprando um bilhete de loteria. Muito cuidado.

6
O Trader gosta de comprar empresas em crise.

Investidores amadores também adoram comprar ações de empresas que estão em crise, o que acontece por alguns motivos específicos. Primeiro, porque empresas em crise normalmente ficam salientes e, como já discutimos, isso por si só gera demanda. Segundo, porque empresas em crise em geral também têm cara de loteria, apresentando as três características comentadas quando abordamos o viés anterior. Por fim, as ações de empresas em crise sempre apresentam uma forte trajetória de queda de preço e, aí, entra uma nova pegadinha.

Estamos acostumados a querer comprar as coisas quando seus preços diminuem. Adoramos uma liquidação! "Aquela camiseta que custava 150 reais está por 99! Nossa, bom momento para comprar..." Esse tipo de raciocínio está enraizado na nossa cabeça e, em geral, nos leva a fazer boas compras no shopping center e no supermercado. Mas, no mercado acionário, a coisa é diferente. A camiseta que está sendo vendida por 99 reais é exatamente a *mesma* que estava sendo vendida por 150. Já a empresa cuja ação está sendo vendida por 5 reais decerto não é a *mesma* cuja ação estava sendo vendida por 50 reais meses atrás. Se a ação saiu de 50 reais para 5 reais, é porque as condições econômicas para a empresa devem ter piorado muito. É como se a camiseta agora estivesse sendo vendida a um preço mais baixo porque está furada.

Até quem entende de investimentos cai nessa confusão entre Bolsa e shopping center! Vimos recentemente um exemplo no Twitter. No Carnaval de 2020, os mercados desabaram no mundo todo por conta das evidências de que a pandemia provocada pelo coronavírus viria para valer. Na Quarta-feira Santa, logo antes de o mercado reabrir por aqui (estava fechado desde a sexta anterior), um importante influencer do mundo dos investimentos postou a seguinte mensagem: "Para um dia como hoje — mercado deve abrir com queda forte —, quero te lembrar da história do iPhone. Você já tinha se decidido. Iria até a Apple comprar seu iPhone por 4 mil reais. Chegou na loja, ele tá custando 3,2 mil reais. Você fica feliz ou não compra mais?"

Enfim, juntando todas essas características (saliência, cara de loteria e preço caindo), empresas em crise são um alvo atraente para investidores amadores. Exemplos não faltam. Em um artigo recém-saído do forno e ainda não publicado, nós dois, juntamente com o professor Bernardo Guimarães, nosso colega na EESP-FGV, estudamos o famoso caso da OGX.[18] A empresa, que chegou a valer mais de 70 bilhões de reais ainda em fase pré-operacional, entrou em grave crise quando começou a ficar claro que seria muito onerosa a extração de petróleo nos campos de pré-sal nos moldes projetados. Em 2012, a OGX caiu de seus mais de 60 bilhões de reais e foi para menos de 20 bilhões de reais. No fim de 2013, já estava com a concordata decretada, valendo quase zero.

Em nosso artigo, mostramos que, à medida que o preço da ação da OGX foi caindo, as pessoas foram comprando a empresa — e as instituições, vendendo. No começo de 2012, menos de 10% das ações estavam nas mãos de investidores amadores, ao passo que, no final do ano seguinte, esse número era maior do que 50%. Mostramos também que essa pressão provocada pela demanda fez com que o preço da ação da OGX caísse menos do que deveria. Quem comprava as ações começou a pagar caro por elas.

A evidência internacional vai na mesma direção. Em artigo de 2008, o professor John Campbell, junto com Jens Hilscher e Jan Szilagyi, registrou que as ações das empresas que entram em crise tendem a ir ficando sobrevalorizadas.[19] Como mais tarde documentado pelos professores Jennifer Conrad, Nishad Kapadia e Yuhang Xing, em artigo de 2014, a explicação para esse fenômeno passa mesmo pela pressão de compra exercida pelos investidores individuais.[20]

7

O Trader pode sofrer com a ilusão do preço nominal.

A ação A custa 80 reais e a ação B está a 3 reais. Pergunta-se: qual das duas tem mais espaço para subir? As pessoas tendem a imaginar que a ação B tem mais chance de subir. Afinal de contas, ela pode ir para 5, 10, 20, 50, 80 reais. Por sua vez, a ação A já passou por toda essa subida e, ao menos no Brasil, é raro vermos ações valendo 200, 500, 1.000 reais. Assim, parece que não há mais muito espaço para a ação A subir. No entanto, esse pensamento está errado.

O preço de uma ação é uma variável totalmente arbitrária, diferentemente do valor de uma empresa. Quando o preço de uma ação começa a ficar alto (no Brasil, acima de 100 reais), as empresas, quase sempre, fazem os chamados "desdobramentos", dividindo cada ação em fatias menores. Com isso, os preços das ações caem de imediato na mesma proporção. A empresa pode ser muito grande e ter um preço de ação baixo; ou ser bem pequena e ter um preço de ação alto.

Se linhas acima tivéssemos escrito que a empresa A vale 500 bilhões de reais (e não 80 reais) e que a empresa B vale 1 bilhão de reais (e não 3 reais), aí, sim, poderia fazer sentido dizer que a empresa B tem mais espaço para subir. Afinal, em geral, há um limite para o tamanho de uma companhia. Porém, quando a variável em questão é o preço da ação, tudo se torna arbitrário, e as pessoas se confundem muito com isso. Olham o preço baixinho de uma ação e imaginam que há ali uma boa chance para upside.

Em artigo de 2016, os professores Justin Birru e Baolian Wang discorrem sobre uma curiosa evidência empírica de que preços de ações mais baixos dão mesmo a impressão de que há mais espaço para subida.[21] Em vista do que os preços das várias opções indicam com relação à probabilidade de alta das ações — o que envolve uma conta supercomplicada —, eles argumentam que, quando ocorre o desdobramento de uma ação e seu preço automaticamente cai, as opções passam a embutir uma probabilidade de alta muito maior.

Essa ilusão do preço nominal é mais uma pegadinha do mercado de ações que pode prejudicar o desempenho das pessoas. Enquanto os macacos espalham aleatoriamente suas compras entre todas as ações, as pessoas podem querer dar um peso maior em suas carteiras para as ações com preço baixo. Embora ainda não tenha sido constatado em nenhum artigo científico, esse excesso de demanda pode inflar o preço dessas ações e as pessoas podem acabar pagando caro por elas.

8
O Trader gosta do que lhe é familiar.

Gostamos de comprar ações de empresas que nos são familiares e evitamos aquelas das quais nunca ouvimos falar. A princípio, isso até parece razoável, não é? Grande engano. A regra de ouro no mundo dos investimentos é diversificar, e o mercado de ações é bastante eficiente. Isso quer dizer que os preços das ações, em geral, estão corretos. As ações valem mais ou menos o que deveriam mesmo valer dadas todas as informações relevantes disponíveis (exceções são ações de empresas sujeitas a vieses comportamentais, conforme discutido, já que essas podem estar sobrevalorizadas). Então, se você fechar o olho e adicionar à sua carteira uma nova ação, qualquer uma, isso deve ser bom. Você, provavelmente, estará pagando um preço justo pela ação e, com certeza, estará aumentando a diversificação dessa sua carteira. Entretanto, ao dar maior peso em suas compras a ações familiares, o investidor amador, que comumente conhece poucas empresas, tende a ficar subdiversificado, o que pode resultar em uma carteira de investimento mais arriscada.

E quais empresas tendem a ser familiares a uma pessoa? Aquelas das quais, por exemplo, o investidor é cliente, ou que atuam no mesmo setor em que ele trabalha, ou que são sediadas na mesma região em que ele mora. Mas, ao comprar a ação de uma companhia que atua no mesmo setor em que você trabalha, você passa a correr um risco dobrado. Se o seu setor vai mal, tanto seu investimento quanto seu trabalho podem ir mal — uma combinação perversa. O mesmo vale para aquela empresa da sua região. Se sua região vai mal, seu investimento e seu trabalho podem ir mal. A principal razão da existência do viés da familiaridade é que as pessoas se enganam sobre quão relevantes são as informações que elas têm sobre as firmas que conhecem. Muito provavelmente, qualquer informação que você tenha sobre uma companhia o mercado (fundos, bancos etc.) também terá, e essa informação já estará inserida "no preço". Assim, restringir suas compras a ações familiares só resulta em menos diversificação e mais risco.

Em um artigo publicado em 2010, seus autores, os professores Mark Seasholes e Ning Zhu, afirmam que a carteira das pessoas contém muito mais empresas locais (aquelas cuja sede fica próxima de onde a pessoa mora) do que deveria.[22] Os autores trabalharam com a mesma base de dados do professor Odean. Ao redor do endereço de residência de cada um dos 43 mil investidores que moram nos Estados Unidos continental, eles abriram uma circunferência de raio de 250 milhas, chamando de "local" qualquer empresa cuja sede ficasse localizada dentro da circunferência de um determinado investidor.

Na média, os investidores têm um terço de suas carteiras investido em ações locais. Isso é muito, pouco ou razoável? Muito. Se todos aqueles investidores da pesquisa de Seasholes e Zhu comprassem a carteira de mercado (S&P 500), eles teriam, na média, apenas 12% investidos em ações locais. Conclusão: as pessoas tendem a se desviar da carteira de mercado para seguir em direção a ações locais. Na segunda parte do artigo, os professores investigam se essas pessoas contam com alguma vantagem em termos de informações a respeito das ações locais. A princípio, até poderia ser o caso de essas pessoas serem, sim, muito bem informadas sobre tais empresas — mais do que o mercado —, motivo pelo qual teriam decidido investir mais nelas. Mas não foi isso que os professores encontraram em seus levantamentos.

Seasholes e Zhu fizeram a seguinte análise. Para cada investidor, eles comparavam o retorno obtido com a compra de empresas locais com o retorno que teria sido obtido pelo investidor com as empresas locais que ele havia decidido não comprar. Se o investidor fosse mesmo bem informado sobre as empresas locais, as que ele comprou deveriam ter apresentado maiores retornos. Os professores atestaram, porém, que não houve absolutamente nenhuma diferença entre os dois retornos.

O tema também foi desenvolvido pelos professores Trond Doskeland e Hans Hvide em um artigo de 2011, mas agora o foco era a compra de ações de empresas que atuavam nos mesmos setores dos investidores.[23] Por exemplo, para nós, que somos professores, seriam empresas do setor de educação. Para um médico, seriam empresas voltadas para a saúde. O banco de dados usado pelos dois autores era da Noruega e continha a carteira de ações completa de 94 mil pessoas no fim de 2000, mas os professores tinham acesso também a dados detalhados dos empregos dessas pessoas.

Como verificado no estudo sobre empresas locais, também nesse estudo constatou-se que as pessoas adquiriram mais do que deveriam ações de empresas dos setores em que trabalhavam. O peso nessas empresas no banco de dados foi 7 pontos percentuais maior do que deveria ser se as pessoas tivessem investido na carteira de mercado. Além disso, também como no artigo de Seasholes e Zhu, o desempenho dessas ações nas carteiras dos investidores não apresentou nada de especial. Isso porque, como Doskeland e Hvide apontam, não é porque a pessoa trabalha no setor A que ela tem mais informações do que o resto do mercado a respeito das ações desse setor.

Os nossos macacos, ao investirem, não colocam um peso maior nas empresas que produzem bananas nem nas empresas sediadas perto das florestas em que habitam. Eles simplesmente compram ações de várias empresas, de maneira aleatória e bem diversificada. É muito melhor fazer como eles.

A ORIGEM PROFUNDA DOS VIESES COMPORTAMENTAIS

Como já dito, vieses comportamentais são comportamentos prejudiciais que muitos de nós apresentamos de forma recorrente. No mundo dos investimentos, são comuns os oito vieses que acabamos de listar. Mas por que temos esses comportamentos recorrentes que nos prejudicam? Por que tamanha irracionalidade? A questão é importante porque, se bem compreendidos, tais vieses podem ser, potencialmente, controlados.

Pesquisas sobre comportamento humano desenvolvidas pelos professores Daniel Kahneman e Amos Tversky, resumidas no livro *Rápido e devagar*, de Kahneman, nos ajudam a pensar sobre essa questão.[24] Segundo Kahneman, temos duas maneiras distintas de tomar decisões. Na grande maioria das situações do cotidiano (95% delas), usamos o que ele chama de "Sistema 1" do nosso cérebro. O Sistema 1 age inconscientemente, é rápido, intuitivo e moldado em instintos. De vez em quando (5% das vezes), no entanto, tomamos decisões utilizando o "Sistema 2" do cérebro, que é onde mora a racionalidade, o pensamento profundo, aquele que dá trabalho e toma tempo. Enquanto o Sistema 1 é baseado em instintos, o Sistema 2 depende da habilidade lógica e de nosso conhecimento.

Imagine que você está dirigindo na estrada e, de repente, uma vaca aparece uns 100 metros à sua frente. Para decidir com que força você deve pisar no freio e o quanto deve virar a direção, você ativará o Sistema 1. Tudo rápido, automático, ainda que se trate de uma decisão complexa. Imagine agora que um concorrente da empresa em que você trabalha há 20 anos lhe faz uma oferta de emprego. Para decidir se a aceita ou não, com certeza você acionará o Sistema 2, já que, nesse caso, tudo tem de ser bem ponderado, com muita calma.

Nosso Sistema 1, o instintivo, foi moldado ao longo de milhões de anos de evolução, desde que éramos macacos. É uma ferramenta complexa, totalmente enraizada e programada lá dentro do nosso DNA. Se hoje você dá um pulo ao ver uma cobra atravessando o seu caminho, é porque seu DNA está programado para isso. E essa programação vem sendo elaborada desde quando pulávamos de galho em galho fugindo de cobras. Na grande maioria das vezes, o Sistema 1 funciona maravilhosamente bem e é muito útil. Coisa fina mesmo. No entanto, às vezes, falha. Isso acontece quando a intuição nos leva à decisão errada. E essa é a causa dos vieses comportamentais.

Vejamos um exemplo simples de uma situação em que o Sistema 1 pode nos enganar. Paula tem 28 anos. Ela se considera de esquerda, fez faculdade de História e sempre foi muito envolvida com movimentos estudantis. Responda: qual das duas alternativas a seguir você acha que será a mais provável? Alternativa 1: Paula hoje trabalha em um banco. Alternativa 2: Paula hoje trabalha em um banco e faz parte de um importante movimento feminista. E aí, o que é mais provável? A alternativa 1 ou a 2? Pensando com cuidado, a alternativa mais provável é, obviamente, a 1. A alternativa 2 é mais restritiva. No entanto, é possível que muita gente, respondendo de maneira rápida e intuitiva, vá de 2. Eis outro exemplo, também simples. Um lápis e uma borracha custam, conjuntamente, 1,10 real. O lápis custa 1 real a mais do que a borracha. Quanto custa a borracha? Resposta: a borracha custa 0,05 centavos. Mas, de novo, uma resposta no piloto automático pode levar a pessoa a errar, respondendo 0,10 centavos.

Esses são exemplos bobos de situações em que o Sistema 1 pode falhar. No mundo real, a coisa é mais complexa. Como dissemos, o nosso Sistema 1 vem sendo moldado há milênios por meio da seleção natural. Mas o mundo em que o Sistema 1 foi moldado (na selva, quando perambulávamos por aí atrás de alimento) é radicalmente diferente do mundo em que vivemos hoje. E é aí que reside o problema. Muitos comportamentos instintivos que, na floresta, ajudavam a passar nossos genes adiante hoje podem nos atrapalhar. No entanto, nosso Sistema 1 está tão programado para seguir esses comportamentos que não é nada fácil alterar essa programação.

Um exemplo: se você gosta desses programas de TV que exibem a vida dos animais, já deve ter assistido às batalhas dos machos pelo direito de acasalar e de passar seus genes adiante. São brigas horríveis, nas quais os contendores saem bastante machucados. Antigamente, nós também agíamos assim. Para um macho topar entrar nesses confrontos, era necessário bastante autoconfiança. Um macho com autoestima mais modesta entraria em bem menos brigas. Ok, poderia viver uma vida mais pacata, talvez até melhor, mas teria muito mais dificuldade de passar seus genes adiante. Por isso, com o tempo, a autoestima modesta foi desaparecendo. Em síntese, a seleção natural foi a responsável por manter acesa dentro de nós a chama da autoconfiança.

Na selva, a autoconfiança em nível elevado foi fundamental para a reprodução da nossa espécie — e ainda o é para os animais. No mundo atual, a autoconfiança continua nos ajudando em inúmeras situações. No entanto, no caso específico dos investimentos, o excesso de autoconfiança atrapalha. Como já discutido, a literatura mostra que muitos insistem em operar na Bolsa mesmo apresentando um desempenho ruim justamente por se acharem melhores do que de fato são, por não conseguirem ver a realidade. E esse tipo de comportamento está profundamente enraizado em nossa mente.

Outro exemplo em que o Sistema 1 é usado, mas não deveria, envolve a questão da familiaridade. Nossos instintos nos levam a querer ficar perto do que nos é familiar. Na selva, fomos aprendendo que era perto do conhecido que estávamos mais seguros. Em geral, ainda hoje, optar pelo que é mais familiar também é correto e prudente. Mas e quando estamos decidindo que ações comprar? Nesse caso, como já vimos, isso pode ser um grande erro. Devemos diversificar — comprar o que nos é familiar mas também o que não nos é familiar, mesmo sendo difícil controlar esse instinto de querer pesar a mão apenas nas ações familiares.

Mais um exemplo de Sistema 1 que falha. Aprendemos na selva que a extrapolação, em geral, funciona. Se um bicho me atacou no passado, é provável que me ataque de novo no futuro. Se a semente daquela planta um dia me fez mal, melhor não a ingerir de novo. Sim, extrapolar o passado para o futuro parece fazer todo o sentido. Mas não na Bolsa. Não é porque uma ação num determinado dia da semana passada apresentou um retorno de 10% que tal performance deve se repetir. Contudo, como já sabemos, é difícil controlar o impulso de querer comprar as tais ações com cara de loteria. Em resumo: então, quando surgem os vieses comportamentais? Muitas vezes, de situações em que usamos o Sistema 1 da forma como ele foi programado ao longo de toda a evolução, ainda que esteja nos dando a intuição errada para aquela situação presente. Isso acontece porque a situação presente é diferente da situação para a qual o Sistema 1 foi treinado a responder na selva.

Se a origem dos vieses comportamentais é, de fato, tão arraigada e está lá em nossos genes, devemos inferir que indivíduos geneticamente idênticos têm vieses comportamentais mais parecidos entre si do que indivíduos geneticamente não idênticos, certo? Foi essa evidência que os professores Henrik Cronqvist e Stephan Siegel apresentaram em um artigo de 2014.[25] Utilizando um detalhado banco de dados da Suécia, eles investigaram quão parecidos eram os vieses comportamentais apresentados por gêmeos univitelinos (que possuem 100% da carga genética idêntica) ao investirem na Bolsa. Como base de comparação, os professores utilizaram gêmeos bivitelinos do mesmo sexo. Como os univitelinos, os irmãos bivitelinos têm o mesmo sexo, a mesma idade, os mesmos pais e moram na mesma casa, o que significa que, em termos de ambiente, é tudo muito parecido para eles. Entretanto, enquanto os univitelinos são idênticos geneticamente, os bivitelinos têm em comum, em média, apenas 50% da carga genética. Essa é a grande diferença.

Concentrados no modo como todos esses irmãos atuavam na Bolsa, os professores mediram diversos comportamentos: quão frequentemente operavam, quão grande era o efeito disposição de cada um, quão diversificadas eram suas carteiras, que proporção delas era investida em ações locais, que proporção era investida em ações com cara de loteria. O resultado do estudo é incrível. A correlação de cada um desses comportamentos entre os univitelinos é sempre muito maior do que entre os bivitelinos. Irmãos com carga genética idêntica se comportam de maneira muito mais parecida. Essa evidência é consistente com a hipótese de que os vieses comportamentais têm pelo menos alguma origem genética, possivelmente por conta da evolução de nossos instintos.

Voltemos à nossa hipótese central: os vieses comportamentais ocorrem quando o Sistema 1 é usado, mas não deveria. Por exemplo, ao escolher uma ação para comprar, o Sistema 1 quer nos levar a comprar uma ação familiar, ou uma ação com cara de loteria, ou uma ação com preço nominal menor. Mas já sabemos que isso é errado. Nessa situação, uma pessoa atenta, que toma decisões com mais cuidado, poderia perceber que, para aquela decisão específica, ela deveria ignorar o Sistema 1. Afinal, aquela é uma situação de pegadinha e intuições tendem a falhar.

É possível testar essa hipótese empiricamente? É possível mostrar que pessoas atentas apresentam menos vieses comportamentais do que as desatentas? Foi o que nós, junto com os colegas Justin Birru e Rodrigo De-Losso, buscamos responder em um artigo publicado em 2022.[26] Nesse estudo, para medir quão atento é um investidor, exploramos uma regra tributária peculiar do mercado acionário brasileiro. No Brasil, desde 1995, uma pessoa que venda até 20 mil reais em ações em um mesmo mês estará isenta de qualquer imposto de renda sobre os ganhos de capital dessas vendas. Assim, se um indivíduo comprou ações da Petrobras pagando 9 mil reais e, mais tarde, vendeu a posição por 20 mil reais, ele estará isento de IR sobre os 11 mil reais. Mas se, dentro de um mesmo mês, a posição for vendida por 20,10 mil reais, ele terá de pagar 15% de IR sobre todo o lucro obtido.

Podemos explicar a estratégia empírica usada nessa investigação da seguinte maneira. Suponha dois investidores brasileiros muito similares em termos de experiência de mercado, valor usualmente operado, frequência com que opera, além de outras variáveis potencialmente relevantes, como idade, profissão, estado em que mora etc. Um desses investidores, em determinado mês, obteve pouco mais de 20 mil reais com a venda de ações nas quais tinha lucro. Outro, em determinado mês, obteve quase 20 mil reais com a venda de ações nas quais também tinha lucro. O primeiro investidor, ao realizar suas vendas, decerto não se lembrou de que, se tivesse vendido um valor inferior ou igual a 20 mil reais (e guardado em sua carteira o restante do que tinha), não teria de pagar imposto de renda. Já o segundo investidor vendeu um pouco abaixo de 20 mil reais porque se lembrou da isenção tributária. Temos aqui dois investidores semelhantes, mas um se mostrou mais atento no momento de vender suas ações, enquanto o outro, não.

No artigo, comparamos diversos vieses comportamentais entre investidores como esses, parecidos em vários aspectos, mas não quanto à atenção a essa regra tributária instituída em nosso mercado acionário. Nossos resultados indicaram que os investidores desatentos a esse quesito apresentaram todos os vieses comportamentais mais fortes em comparação a seus pares. Isso é consistente com a hipótese de que é preciso atenção para não deixar que nosso Sistema 1 faça aflorar vieses comportamentais que nos levem a decisões equivocadas na hora de operar na Bolsa.

O ERRO CAPITAL DO TRADER:
O DAY-TRADING

Vale ainda abordar, de forma ilustrativa, uma modalidade de *tra*de que atrai, e prejudica, vários Traders: o day-trading, que é a compra e a venda do mesmo ativo financeiro, no mesmo dia, na mesma quantidade. O day-trader lucra quando seu preço médio de venda no dia é maior do que seu preço médio de compra no mesmo dia, descontando-se os custos de operação. Ele precisa, obviamente, ser hábil o suficiente para prever se, nos segundos, minutos ou horas seguintes, o preço do ativo financeiro vai subir ou cair. Se ele achar que a chance de subir é maior que a de cair, ele compra o ativo para depois vendê-lo. Se, no entanto, concluir que a chance de cair é maior que a de subir, ele vende o ativo para depois comprá-lo.

Usualmente, day-traders amadores baseiam suas estratégias em análises gráficas que consideram preços, volume, o próprio livro de ofertas do ativo, enfim, variáveis observadas por todos os participantes do mercado. Eles acreditam que essas variáveis podem ajudar a prever o comportamento futuro dos preços. Às vezes, uma dessas variáveis indica que é hora de comprar. Às vezes, que é hora de vender. Em tese, bastaria então você: i) aprender a técnica de prever o futuro olhando tais variáveis; ii) aplicá-la corretamente; e iii) sair para o abraço.

Mas, pense conosco... Se algumas variáveis que todos observam podem mesmo indicar que determinado preço tem mais chance de, por exemplo, subir no futuro próximo do que de cair, por que o mercado todo (ou ao menos grande parte dele) não sai comprando o ativo? Nesse caso, aliás, a forte pressão de demanda faria com que o preço subisse de imediato e não mais no futuro próximo. Note que, se isso acontecesse, você teria que ser muito, muito rápido para conseguir obter algum ganho. Então, além de simplesmente fazer o que a técnica ensina, você teria de, fundamentalmente, fazer o que a técnica ensina antes da maior parte dos investidores. Viraria uma corrida! O que era simples (apenas aplicar uma técnica bem definida) deixaria de ser.

É sempre bom não esquecer que uma informação pública, conhecida por todos, caso do padrão de alguma variável como preço, volume ou livro de ofertas, não pode gerar lucro para ninguém. Afinal, quem percebe uma chance maior de alta na ação não vai querer vendê-la antes que o preço suba. E, de novo, mesmo que alguém queira vender, você terá de ser mais rápido do que os outros especuladores de curto prazo que estão olhando para a mesma estratégia que você.

Assim, sempre que alguém lhe disser que, por causa de algum argumento XYZ, é mais provável que o preço de uma ação suba nos próximos minutos ou horas, você deve se perguntar: esse motivo XYZ (por exemplo, o padrão de algum gráfico baseado em variáveis passadas) é de conhecimento comum? Se sim, por que alguém estaria vendendo a um preço abaixo do que o papel provavelmente valerá daqui a pouco? Além disso, se sim, por que não há vários outros investidores querendo também aproveitar a oportunidade, o que dificultaria em muito a sua vida? Dadas as suas condições tecnológicas, você conseguiria, de fato, ser mais rápido do que esses concorrentes?

Sintetizando: regras de previsão de preço futuro que funcionam (isto é, que, na média, dão dinheiro) e são conhecidas por todos (por exemplo, ensinadas em cursos on-line) não podem existir, pois ferem a lógica básica dos mercados competitivos. Não estamos dizendo que é impossível construir metodologias que permitam uma previsão mais precisa do que 50%-50% sobre se o preço vai subir ou cair no futuro próximo. Não, de forma alguma! Só estamos dizendo que essas metodologias — caso existam — seriam raras e caras, demandariam alta tecnologia e informações precisas e, portanto, não seriam vendidas em cursos on-line para investidores amadores.

Estamos dizendo ainda que, em um mercado financeiro tomado por grandes instituições com ferramentas de alta tecnologia (caso de computadores instalados dentro da própria Bolsa com acesso imediato às informações de mercado), não é razoável supor que uma pessoa, utilizando o computador de sua casa (mesmo que com quatro monitores e sentada em uma cadeira gamer), consiga exercer a atividade de day-trading de maneira consistentemente lucrativa. Como esperado, foi isso mesmo que documentamos em nossa pesquisa.

O número de pessoas que busca lucrar com day-trading no Brasil está aumentando bastante. Isso é atestado até mesmo pela dinâmica temporal da busca pelo termo "day-trade" a partir de computadores localizados no Brasil, reportada pelo Google Trends, de 2004 a 2019 — o número de buscas multiplicou por quatro nos últimos cinco anos.[27] O alcance das novas tecnologias de informação explica, em parte, esse aumento. Hoje, para qualquer pessoa, é muito fácil acompanhar remotamente os cursos e as salas de day-trade oferecidos pela internet. Além disso, no fim de 2018, algumas corretoras especializadas em day-trade de pessoas físicas zeraram a corretagem cobrada nesses tipos de operação.

Não havia, até a nossa pesquisa, nenhuma informação pública de qualidade sobre o resultado obtido pelas pessoas que decidem investir na "carreira" de day-trader. As informações disponíveis, em geral nas mídias de informação ligadas às corretoras, sugerem que, embora não seja fácil viver de day-trading, isso é possível. Em linhas gerais, a mensagem comum dos vendedores de cursos é a de que há uma curva de aprendizado de aproximadamente um ano e que as pessoas que persistem na atividade têm boas chances de sucesso. No entanto, essas informações não estão lastreadas em dados públicos. O objetivo da nossa pesquisa foi justamente preencher essa lacuna com dados oficiais, para auxiliar a tomada de decisão daqueles que consideram o day-trading uma alternativa para complementar a renda.

Em artigo de 2020, em coautoria com Rodrigo De-Losso, apresentamos a performance de quem faz day-trade no mercado brasileiro de contratos de mini-índice, ativo bastante visado por *day-traders* amadores.[28] Assim, analisamos, a partir do banco de dados da CVM, todos os indivíduos que começaram a fazer *day-trade* nesse mercado entre 2013 e

2015 no Brasil (19.646 indivíduos) e que persistiram por mais de 300 pregões (1.551 indivíduos). Entre os 1.551 que não desistiram, apenas oito conseguiram apresentar lucro médio bruto diário maior do que a remuneração de um bancário iniciante na posição de caixa.

Em outro artigo também de 2020, este assinado apenas por nós, focamos o day-trade no mercado brasileiro à vista de ações com o objetivo de complementar o conjunto de informação dos aspirantes a day-trader.[29] O banco de dados também pertencia à CVM e os resultados obtidos também não foram animadores. Um total de 98.378 indivíduos fizeram seu primeiro day-trade em ações entre 2013 e 2016, mas somente 554 continuaram atuando após mais de 300 pregões. Todos os outros indivíduos (99,43%) não persistiram na atividade (atuaram em menos de 300 pregões). Essa é a primeira informação relevante para alguém que esteja interessado em viver de day-trade: a taxa de desistência é extremamente alta.

Calculamos então o lucro bruto diário médio para cada um desses 554 day-traders. A média dessa variável entre os 554 indivíduos é de 49 reais negativos, e a mediana, de 62 reais negativos. Apenas 127 indivíduos apresentaram lucro bruto diário médio acima de 100 reais. Acima de 300 reais diários, apenas 76 indivíduos.

Talvez, nessas contas, fosse possível considerar um período de aprendizado que poderia ser descontado do resultado final. No entanto, tal cuidado não altera a conclusão. Quando calculamos o lucro bruto diário médio de cada indivíduo excluindo seus 200 primeiros pregões (correspondentes a um possível período de aprendizado), encontramos resultados equivalentes. A média entre os 554 indivíduos de seus lucros brutos diários médios vai para 91 reais negativos (ou seja, até piora) e a mediana continua em 62 reais negativos. E apenas 130 indivíduos, em vez de 127, passam a apresentar lucro bruto diário médio acima de 100 reais.

Por fim, avaliamos brevemente o desempenho desses 127 indivíduos que apresentaram lucro bruto diário médio acima de 100 reais. Entre eles, obtivemos as seguintes estatísticas: 103 reais para o indivíduo com menor lucro bruto diário médio (o desvio-padrão do lucro diário desse indivíduo foi de 747 reais); 370 reais para o indivíduo mediano (o desvio-padrão do lucro diário desse indivíduo foi de 2.286 reais); 4.032 reais para o indivíduo com maior lucro bruto diário médio (o desvio-padrão do lucro diário desse indivíduo foi de 33.888 reais). Em suma, mesmo considerando apenas os 127 indivíduos "ganhadores", vimos uma média de ganho baixa frente ao risco.

QUEM GANHA COM OS TRADERS?

Se, por um lado, os Traders se dão mal, por outro, muita gente faz a festa com eles. As corretoras, naturalmente, enchem os bolsos, já que, quanto mais as pessoas operam freneticamente, mais corretagem elas pagam. E não é só isso. As corretoras também se aproveitam dos vieses comportamentais por meio do que é hoje conhecido como RLP. Até pouco tempo, quando alguém colocava em seu home broker uma ordem de compra ou de venda de ação, a corretora tinha de repassar essa ordem diretamente para o livro de ofertas da Bolsa. Assim, quem colocava a ordem fechava negócio com alguma contraparte que estava lá com uma ordem contrária no livro de ofertas da Bolsa. Dessa forma, se quem colocava uma ordem de compra estava, por conta de algum viés comportamental, comprando uma ação que estivesse cara, o ganho ficava com esse outro investidor que havia vendido a ação lá na Bolsa.

Uma mudança muito importante aconteceu, porém, nos últimos anos. Em 2020, passou-se a permitir que a corretora, caso queira, pode ser ela mesma a contraparte da pessoa que colocou a ordem em seu home broker. Dessa forma, a corretora não precisa mais enviar a ordem de seu cliente para o livro de ofertas da Bolsa. Se achar vantajoso, ela própria fecha o negócio com o cliente lá dentro de seu sistema. Nesse caso, a ordem do cliente nem chega a ser vista no mercado. Como os Traders têm vieses comportamentais que os fazem comprar ações que, em geral, estão caras, oferecer-lhes liquidez é um negócio que dá dinheiro. Não à toa, quando o RLP começou a ser permitido, as corretoras até começaram a baixar as taxas de corretagem para incentivar os Traders a operar mais.

O RLP permite também que a corretora lucre com o spread do mercado. Imagine que no livro de ofertas da Bolsa a melhor oferta de compra para uma ação custa 15,50 reais, e a melhor oferta de venda custa 15,54 reais. Nesse momento, um cliente da corretora coloca em seu home broker uma oferta de compra a 15,54 reais, enquanto outro coloca uma oferta de venda a 15,50 reais. Bem, antes do RLP, essas duas ofertas iriam direto para o livro de ofertas da Bolsa: o cliente que havia colocado a oferta de compra a 15,54 reais compraria a ação a 15,54 reais e o cliente que havia colocado a oferta de venda a 15,50 reais venderia a ação a 15,50 reais, ambos fechando negócio com os investidores com as ofertas de compra e venda lá no livro. Com o RLP, no entanto, a corretora pode fechar os negócios diretamente com esses dois clientes a um valor um pouco melhor do que eles receberiam se suas ofertas fossem para o livro e, assim, ficar com um lucro próximo dos 0,04 reais do spread de mercado. Ou seja, o lucro do spread que ficaria no mercado pode agora ficar dentro da corretora.

Outra turma que também ganha bastante dinheiro com os Traders são os vendedores de cursos de trading. Muitos estão ficando milionários com isso. Se você se interessa por Bolsa de Valores, com certeza já se deparou com propagandas de cursos do gênero, ofertadas com estratégias de marketing diretas e agressivas. Existem também as casas de análise, que vendem relatórios com dicas de carteiras de ações e estratégias de investimento. Não precisamos pensar muito para perceber que o incentivo dessas casas é sempre produzir novos relatórios com novas informações, direcionando seus produtos para os Traders.

A própria Bolsa ganha com eles. A cada negócio fechado, a Bolsa recebe um percentual sobre o volume financeiro movimentado, percentual chamado de emolumentos. Hoje, enquanto escrevemos este livro, os emolumentos estão em 0,03% para ações. Parece pouco? Não é. Façamos uma conta rápida. As pessoas físicas transacionam na B3 diariamente, em média, 11 bilhões de reais em ações. Considerando os emolumentos que resultam apenas das ações transacionadas por pessoas físicas, a Bolsa fica com uma receita média diária de 3,3 milhões de reais (0,03% vezes 11 bilhões de reais)! É muito dinheiro! E, quanto mais Traders, mais dinheiro!

Assim, não é um grande mistério o fato de a postura correta para operar na Bolsa, que é a do Investidor, não ser divulgada por aí. Há conflito de interesses em jogo.

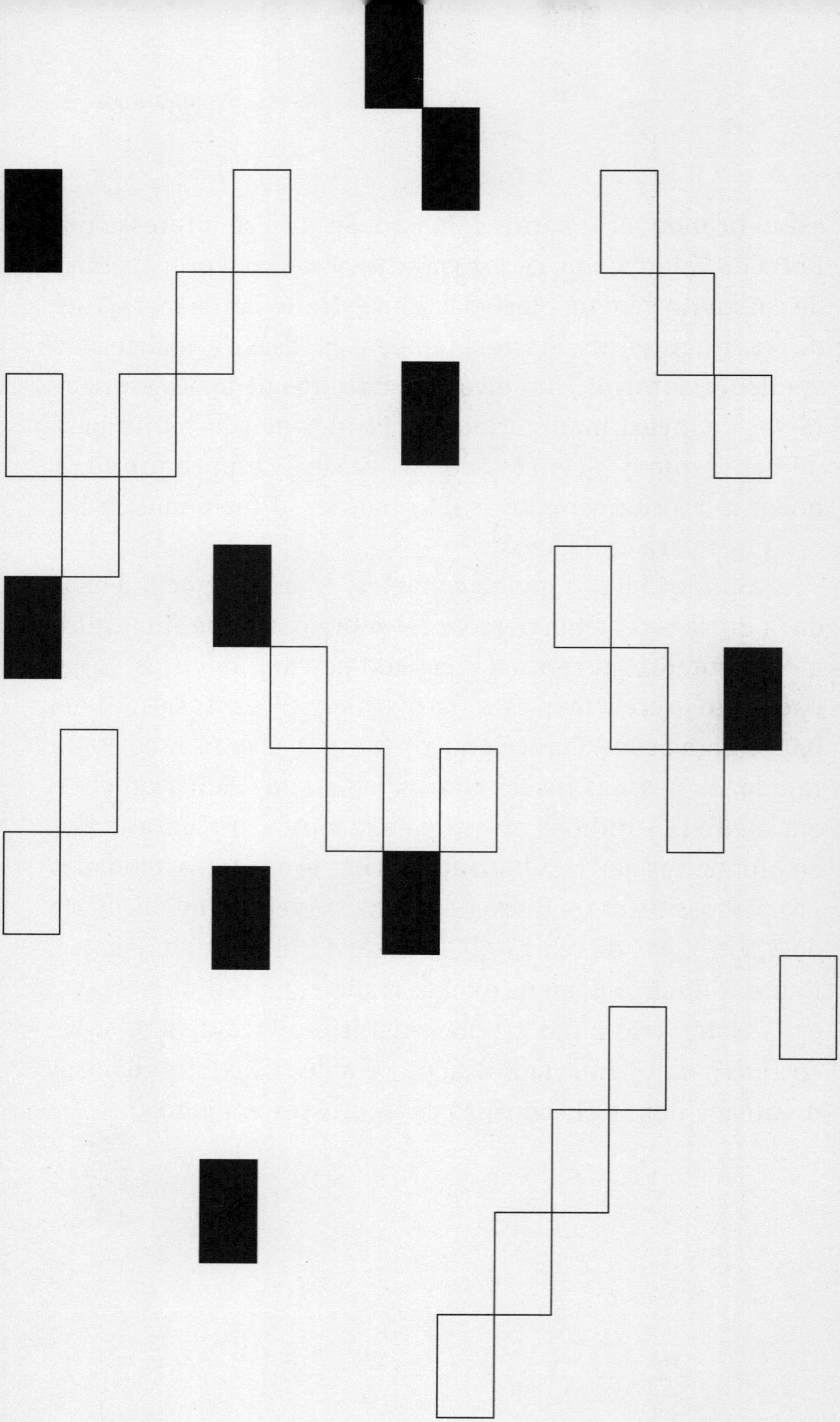

PARTE II

O Investidor e seus 10 Mandamentos

A forma correta de lidar com a Bolsa de Valores é muito mais simples do que a maioria dos investidores individuais imagina. Mas essa forma correta, adotada pela pessoa que aqui chamamos de Investidor, não é tão alardeada porque não enriquece corretoras, nem influenciadores, nem tampouco casas de análise. O Investidor sabe disso. E consegue bons resultados na Bolsa porque entende muito bem que existem dois mecanismos fundamentais nesse ambiente.

Primeiro, o Investidor sabe que, no mundo das pessoas que compram e vendem freneticamente na Bolsa de Valores em busca de ganhos especulativos de curto prazo, o ganho de um vem, necessariamente, da perda do outro. Se quem comprou ganhou, quem vendeu perdeu; e vice-versa. Assim, o Investidor também sabe que, se quiser tentar ganhar dinheiro no curto prazo especulando na Bolsa, terá de enfrentar adversários bem mais informados e preparados, como bancos e fundos (além dos próprios vieses comportamentais). E isso não parece uma boa ideia.

O segundo mecanismo fundamental do qual o Investidor tem plena consciência é que no mercado acionário sopra um vento poderoso que, com o passar do tempo, deve levar todos os veleiros que por ali navegam de maneira inteligente a um lugar com retornos superiores — mas no longo prazo. É o vento do "prêmio de risco". Navegar ao sabor desse vento sem ter que lutar com os cachorros grandes pelo lucro especulativo no curto prazo, isso, sim, parece ótimo.

Agora, então, apresentamos a você o que consideramos os 10 Mandamentos do Investidor. Aqui, ideias importantes e potencialmente complexas, como a do prêmio de risco, serão abordadas com objetividade. Esses Mandamentos são justamente as dicas que devem estar na sua mente quando o assunto for investir na Bolsa.

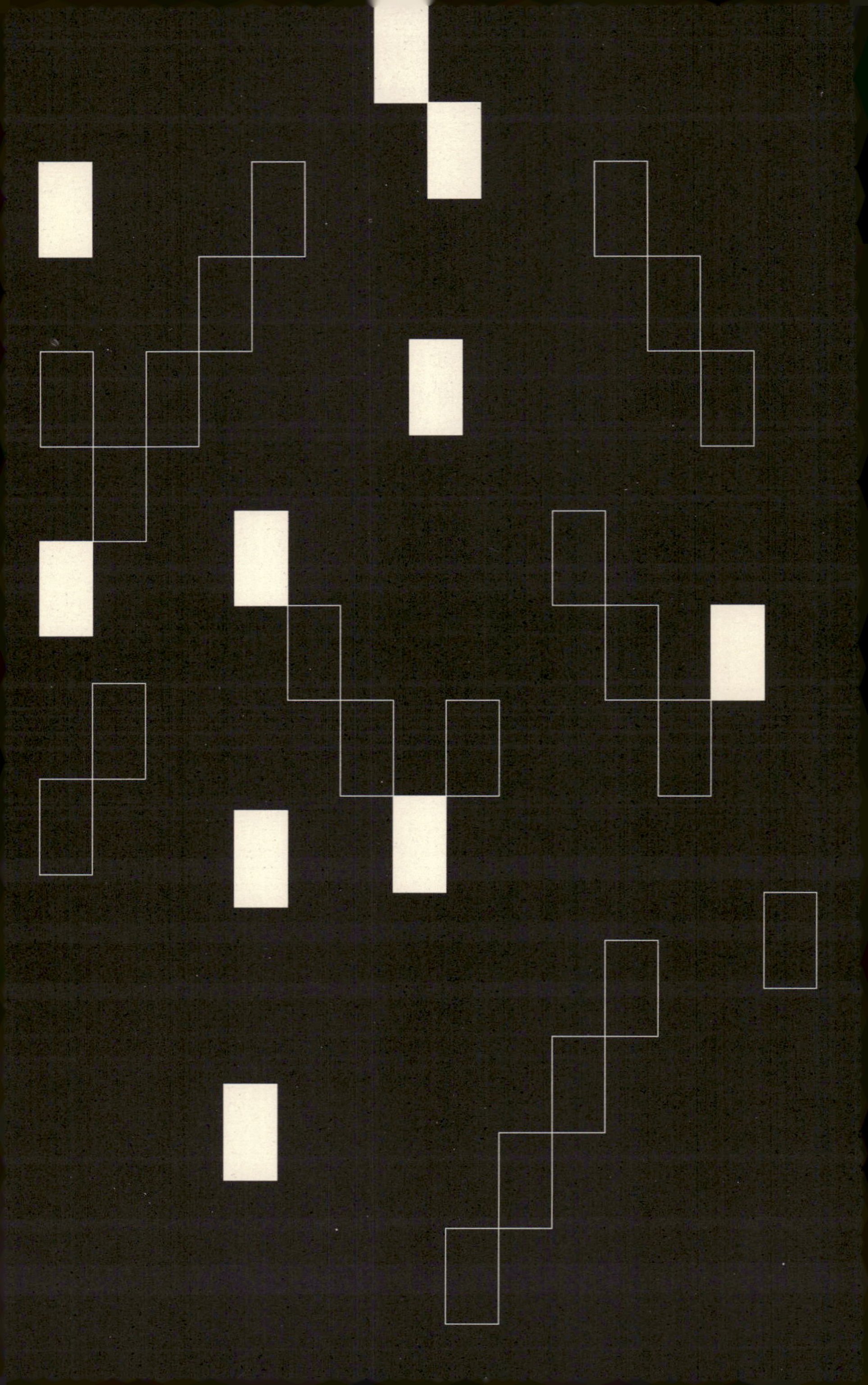

OS 10 MANDAMENTOS DO INVESTIDOR

MANDAMENTO 1

Não busque emoções na Bolsa.

> Evite cair na tentação de achar que você vai tirar a sorte grande. Não devemos usar a Bolsa como loteria. A solução para seus problemas financeiros mais imediatos não está aí. A forma correta de investir na Bolsa é pensando na aposentadoria. Sim, é para ser chato, monótono, sem emoção e sem atalhos mesmo.

Escolher empresas nas quais investir é uma tarefa muito difícil. A sorte pode ajudar — uma, duas, três vezes? —, mas escolher sistematicamente as melhores empresas para nelas investir é complicadíssimo. A Bolsa de Valores é um ambiente extremamente competitivo: são milhares de profissionais capacitados trabalhando para as empresas mais ricas do mundo, que investem bilhões em tecnologia e informação. De certa forma, seria excelente se o mercado acionário não fosse anônimo, pois, se o pequeno investidor visse contra quem está negociando, pensaria duas vezes antes de entrar nesse ringue.

Inúmeros livros trazem fórmulas e receitas sobre como superar o mercado e encontrar as empresas que darão os melhores retornos. Alguns, com várias edições, são considerados clássicos do investimento e dão a impressão de que trazem conhecimentos sólidos, testados. Pode ser que tenham funcionado em algum momento, mas em um passado distante. Hoje, superar o mercado está cada vez mais difícil (se é que é possível ficar mais difícil ainda). Culpe a tecnologia.

Isso porque a mesma tecnologia que permitiu que aquele clássico do investimento chegasse às suas mãos por e-book, e que as informações de sua corretora estivessem ao seu alcance por aplicativo, permitiu também que uma infinidade de dados em tempo real (junto com uma tremenda capacidade de processamento desses dados) estivesse disponível para todos os investidores profissionais que trabalham para instituições financeiras. O avanço da tecnologia não tem volta. E a tecnologia de ponta é sempre cara e sempre estará mais acessível para os grandes investidores.

MANDAMENTO 2

Não se esqueça de que o seu interesse pode não coincidir com o do especialista de plantão.

> Da próxima vez que o especialista de plantão lhe oferecer um produto complexo, fique atento. É possível que os interesses dele não estejam alinhados com os seus.

Alguns investimentos oferecidos ao investidor de varejo parecem bons à primeira vista. Um exemplo são os chamados Certificados de Operações Estruturadas (COEs). Trata-se de produtos financeiros estruturados por bancos e vendidos como uma alternativa segura a investimentos em Bolsa. Por fora, parecem inofensivos: os informes dizem que os COEs permitem ganhos elevados vinculados à performance da Bolsa, mas sem risco de perda, uma vez que o capital investido estaria protegido de quedas. Por dentro, porém, são produtos complexos e caros que combinam diversos ativos, como ações, cotas de fundos, opções e outros derivativos, muitos deles negociados em balcão, sem que se saiba ao certo seu preço justo.

Embora sejam vendidos como uma alternativa segura, os COEs costumam ser investimentos ruins. Em um estudo que publicamos em 2021 na *Brazilian Review of Finance*, em coautoria com Otávio Bitu e Tomaz Hamdan, avaliamos a performance de uma lista de mais de 284 COEs distribuídos no Brasil entre 2016 e 2019.[1] Constatamos que 252 desses COEs, isto é, a grande maioria, apresentavam um retorno esperado bastante baixo, inferior ao que o investidor conseguiria obter, com facilidade, se tivesse optado por títulos públicos disponíveis na plataforma do Tesouro Direto. E os retornos eram apenas marginalmente maiores no caso dos raros COEs que apresentaram algum retorno. Isso é muito ruim, uma vez que os COEs não permitem o resgate antecipado e são mais arriscados por não possuírem, por exemplo, a cobertura do Fundo Garantidor de Crédito (FGC), que garante o dinheiro do cliente em caso de quebra do banco emissor.

Não é só no Brasil que produtos estruturados ruins são vendidos ao investidor de varejo. Em um influente artigo publicado em 2017 no periódico de maior prestígio do mundo em economia, o *Quarterly Journal of Economics*, Claire Célérier e Boris Vallée analisaram produtos estruturados distribuídos na Europa entre 2002 e 2010 que são similares aos COEs.[2] No estudo, eles mostraram que, quanto mais complexo é o produto oferecido, pior é o retorno esperado para o investidor e maior o lucro para o emissor. Com base nessa evidência, concluíram que a complexidade do produto é utilizada para torná-lo aparentemente mais atrativo para o investidor desinformado.

Como é possível que produtos ruins sejam oferecidos ao investidor? Duas possíveis explicações: a falta de informação geral sobre o produto (ele é ruim, mas todo mundo acha que é bom); ou, o que é mais provável, os interesses do investidor não estão alinhados com os de quem os oferece. O desalinhamento de interesses não existe apenas no que se refere à distribuição de produtos estruturados. Alguns fundos de investimentos ruins gastam dinheiro oferecendo, por exemplo, comissões aos assessores de investimento para que seus produtos sejam distribuídos com prioridade.

Também há desalinhamento de interesses quando as corretoras dão sugestões semanais de investimento, estimulando as pessoas a negociar suas ações com mais frequência do que deveriam. Quem ganha é a corretora, que cobra corretagem. Alguns youtubers fazem acreditar que é possível lucrar com operações de curtíssimo prazo (os chamados day-trades), porque ganham dinheiro vendendo cursos de estratégias e de gerenciamento de risco. Gerentes de banco ligam oferecendo títulos de capitalização com retorno duvidoso, porque recebem bônus quando atingem metas de distribuição. A verdade é que exemplos de desalinhamento não faltam.

Um dos mais importantes acadêmicos a alertar para o perigo dos conflitos de interesses na indústria financeira foi Luigi Zingales, professor da Universidade de Chicago. Em discurso proferido para a Associação Americana de Finanças em 2015, ele argumentou, entre outras coisas, que a melhor forma de evitar eventuais abusos da indústria é recorrendo às pesquisas acadêmicas de qualidade, que produzem informação isenta e valiosa ao grande público.[3]

A indústria financeira é um negócio e não se pretende que as pessoas trabalhem nele de graça. Como os médicos, uma opinião bem dada no ramo financeiro pode fazer toda a diferença na vida de uma pessoa, e isso deve ser recompensado. Instituições financeiras e profissionais da indústria que se preocupam com a própria reputação têm seus interesses alinhados aos dos investidores e devem ser remunerados adequadamente. Infelizmente, porém, muitas vezes ocorre de seus interesses serem diferentes dos interesses dos investidores.

MANDAMENTO 3

Diversifique.

Diversifique, diversifique e diversifique. Não é necessário fazer contas, estudar o balanço das empresas, assinar relatório de análise nem prever o futuro. Quando combinamos um número grande de empresas de setores variados em uma carteira, cancelamos os choques negativos individuais e reduzimos o risco da carteira sem prejudicar o retorno esperado.

Se não é aconselhável escolher ações para tentar bater o mercado, o que nos resta?" Diversificar! Se alguma ideia em finanças devesse receber o status de lei (como as leis universais da natureza) seria esta: diversificar. Sempre que diversificamos bem os investimentos, conseguimos reduzir riscos sem afetar o retorno. Quem não quer retorno com menos risco?

A ideia é tão poderosa que sempre foi incorporada ao saber popular. Quem nunca ouviu a máxima "Não coloque todos os ovos na mesma cesta"? Esse velho ditado descreve, de maneira didática, que diversificar seus investimentos faz reduzir os riscos. O conceito também está presente em clássicos da literatura mundial. Em *Dom Quixote*, de Miguel de Cervantes, Sancho Pança diz a Dom Quixote que os sábios preferem esperar a aventurar tudo de uma só vez. Em *O mercador de Veneza*, de William Shakespeare, Antonio diz a Salarino que não está preocupado com sua mercadoria, pois ela não está em um só barco, e sim distribuída em vários lugares.

Em finanças, foi Harry Markowitz quem colocou esse importante saber popular no seu devido lugar. Sua tese de doutorado para a Universidade de Chicago, que foi publicada em formato de livro em 1959 e lhe rendeu o Nobel de Economia em 1990, é considerada um marco na teoria de finanças.[4] Nela, Markowitz mostra por que todo investidor racional deve sempre diversificar seus investimentos. E como se dá a mágica da diversificação? Qualquer empresa está sujeita a choques negativos, mas boa parcela desses choques se restringe à própria empresa ou ao setor em que ela atua. É o caso da empresa que fabricava vitrolas nos anos 1980 e que sofreu um grande choque negativo quando os CDs foram inventados. Por outro lado, os fabricantes dos leitores ópticos usados nos aparelhos que tocavam os CDs saíram beneficiados desse avanço tecnológico.

Os choques, porém, não precisam ser tão dramáticos como esse, que transformou a indústria dos discos. Aumentos no preço do petróleo, por exemplo, costumam afetar negativamente as empresas de aviação, uma vez que parte importante de seus custos decorre da compra desse insumo. Por sua vez, as empresas de exploração de petróleo, que se beneficiam com os preços mais elevados do produto, podem ser surpreendidas por erros de gestão praticados por seus executivos. A lista de possibilidades de choques negativos não tem fim. O importante é que, quando combinamos várias empresas, os choques específicos, que por desventura hão de vir, se anularão. Quanto mais complementares os choques, maiores serão os ganhos decorrentes da diversificação.

Vejamos os efeitos benéficos da diversificação em um exemplo concreto. A volatilidade média do retorno das ações que compõem o índice Ibovespa, o tradicional índice de ações da Bolsa brasileira que contempla as principais empresas negociadas, é de 41% ao ano. Esse valor significa que uma queda catastrófica de mais de 80% em uma determinada ação tende a acontecer uma vez a cada 20 anos. Esse é o risco que corre um investidor que aposta todo o seu dinheiro em uma única empresa.*

E o que aconteceria se no lugar de investirmos em uma empresa montássemos uma carteira somente com duas empresas? Para entender isso, simulamos diversas carteiras combinando aleatoriamente duas empresas da Bolsa e documentamos que a volatilidade média dessas carteiras com duas ações era de 37% ao ano. Assim, conseguimos reduzir o risco em quase 10% sem maiores dificuldades, apenas incluindo mais uma empresa na carteira.

O risco da carteira continuará a cair quanto mais empresas forem incorporadas: dos 41% da carteira com uma empresa e dos 37% da carteira com duas empresas, para 34% da carteira com três empresas! Como se vê, os ganhos com a diversificação são decrescentes, mas ainda são significativos. A Figura 1 mostra como é esse percurso do risco quando adicionamos múltiplas empresas à carteira de ações.

---

* Para chegar a esse número, utilizamos as 72 empresas que compunham o índice Ibovespa em dezembro de 2021 com histórico de negociação de cinco anos (2016-2021). Para descobrir a frequência de choques extremos, consideramos que os retornos seguem uma distribuição t-student com 5 graus de liberdade. Diferentemente da distribuição normal, a distribuição t-student permite que eventos extremos ocorram com maior frequência, o que reflete o comportamento observado das ações na Bolsa.

FIGURA 1: RISCO E DIVERSIFICAÇÃO

[Gráfico de barras mostrando Volatilidade (anualizada) no eixo Y (20% a 45%) vs Número de ativos na carteira no eixo X (1, 2, 3, 4, 6, 8, 12, 18, 24, 36, Todas). Valores aproximados: 1→41%, 2→37%, 3→34%, 4→31%, 6→28%, 8→26,5%, 12→26%, 18→25%, 24→24,5%, 36→24%, Todas→23,5%. Fonte: Autores]

No limite, quando incluímos todas as empresas da Bolsa na carteira, chegamos à volatilidade de 23% ao ano. Em resumo: através da diversificação da carteira, conseguimos cortar sua volatilidade quase pela metade — de 41% para 23%. Isso é muito? Sim! Antes, era possível ocorrer uma queda extrema de mais de 80% no valor da carteira uma vez a cada 20 anos; agora que temos 23% de volatilidade, esse evento extremo só aconteceria uma vez a cada 120 anos.

MANDAMENTO 4

Deixe o prêmio de risco levar você.

> Certifique-se de que você eliminou todo o risco diversificável de sua carteira. Agora, mantenha-a bem diversificada, pois, assim, o retorno esperado embutido nos preços das ações irá recompensá-lo no longo prazo. É o prêmio de risco que o levará adiante.

Importante observar que até a carteira de ações mais bem diversificada enfrenta risco, já que nem todos os choques podem ser anulados. Os choques negativos, que afetam todas as empresas, também impactam, é claro, as carteiras mais diversificadas. Duas grandes crises financeiras recentes são exemplos óbvios de choques não diversificáveis: a de 2008, que começou na indústria financeira dos Estados Unidos e acabou afetando todas as Bolsas do mundo; e a de 2020, causada pelas restrições impostas pela pandemia de covid-19. Choques menos dramáticos que esses, mas que afetam igualmente todas as empresas, como revisões das expectativas de crescimento econômico do país, aumento da incerteza política e elevação da taxa de juros básica, também são exemplos de choques não diversificáveis.

O risco inevitável aos choques não diversificáveis é o que acaba levando, no entanto, à remuneração do investidor paciente. A Bolsa oferece um retorno esperado alto justamente porque o investidor está sujeito a esses choques inevitáveis. E é essa recompensa pelo risco que faz com que investir na Bolsa seja, no longo prazo, lucrativo. Em resumo, este é um princípio básico em finanças: ativos arriscados devem, necessariamente, remunerar o investidor com retornos maiores. Como os investidores não gostam de ativos arriscados, já que estes podem fazê-los perder dinheiro, é preciso oferecer-lhes algum "prêmio" para que eles topem comprá-los.

É intuitivo pensar dessa forma quando estamos, por exemplo, contratando um seguro. Quando fazemos um seguro de saúde ou um seguro de carro, achamos razoável pagar um prêmio para correr menos risco. Na Bolsa, o mecanismo é o mesmo, só que o ponto de vista é o do outro lado. Quando compramos ações, ainda que sejam várias, sempre vai haver risco. Para o mercado aceitar investir nas empresas, é preciso então que as ações ofereçam um retorno esperado atrativo, acima do retorno dos investimentos sem risco. Chamamos esse retorno esperado extra dos ativos arriscados de "prêmio de risco".

Em finanças, costumamos separar o retorno esperado em duas partes: uma parte remunera o tempo que você ficou sem poder usar o dinheiro; outra parte remunera o medo (risco) pelo qual você passou. Um "ativo livre de risco" remunera o investidor apenas pelo tempo que ele ficou sem o dinheiro. Os títulos da dívida pública costumam ser considerados livres de risco, porque, mesmo em situações extremas, o Tesouro Nacional sempre pode emitir reais para pagar as dívidas contraídas em moeda local. Assim, um investidor que tem o horizonte de um ano em mente poderia olhar para a taxa de juros dos títulos do Tesouro Direto prefixados com vencimento em um ano para saber qual a taxa livre de risco vigente no Brasil naquele momento.

Ativos arriscados devem pagar pelo tempo, isto é, a taxa livre de risco, mais um prêmio pelo risco. Quanto maior for o risco do ativo, maior deverá ser esse prêmio. E pense conosco: os grandes investidores do mercado, que, em geral, são os que definem os preços das ações, diversificam. Isso significa que quando compram e vendem ações não estão tão preocupados com o risco individual que cada uma oferece, e sim com o risco global de uma carteira diversificada. Então, topam pagar um preço pelas ações que reflita apenas os riscos da carteira diversificada. Assim, é um erro comprar as ações pelo preço de mercado e não diversificar. Nesse caso, você estará pagando o preço da segurança da diversificação, mas não estará contando com ela. Trocando em miúdos: você terá de encarar muito risco para pouco prêmio.

MANDAMENTO 5

Conheça a carteira de mercado.

> A carteira de mercado, com a listagem de todas as empresas da Bolsa, oferece um ótimo retorno esperado e sem riscos desnecessários ao investidor.

Uma das carteiras de ações mais diversificadas que existe é a carteira de mercado, que reúne todas as empresas disponíveis na Bolsa de Valores. No Brasil, trata-se de quase 400 empresas que atuam nos mais diversos setores da economia. A carteira de mercado não vem com riscos desnecessários, uma vez que a diversificação se encarrega de expurgá-los, o que é excelente. Mas qual será o seu retorno? O investidor receberá o retorno médio de todas as empresas da Bolsa, mas ele deve ficar satisfeito com esse retorno médio? Sim, essa é uma ótima opção para ele. Em outras situações da vida, satisfazer-se com a média parece pouco ambicioso, mas no mundo dos investimentos isso é muita coisa!

Só é possível superar a média selecionando um subgrupo de empresas que poderá apresentar uma performance melhor que a do mercado. Mas já dissemos que isso é difícil (e você viu evidências disso na Parte I deste livro). Para montar a carteira de mercado, você não precisa gastar tempo e energia decidindo em qual empresa investir: basta investir em todas. Também não precisa se torturar tentando identificar o gestor mais talentoso ou o fundo de investimento mais promissor: ao comprar todas as empresas, estará apostando no consenso de mercado.

Parece ótimo. Mas quanto isso vai custar? Na verdade, pouco. Na carteira de mercado, o peso de cada empresa é proporcional ao tamanho de cada uma, tamanho calculado em função da quantidade de ações da empresa disponíveis no mercado vezes o preço de cada ação. As maiores empresas da Bolsa entram com um peso maior na carteira, enquanto as menores entram com um peso menor, o que é bom por dois motivos. Primeiro, quanto menor a empresa, mais caro e difícil será negociá-la. Segundo, os pesos da carteira se ajustam automaticamente. À medida que uma companhia se valoriza mais que as outras, ela passa a ocupar um espaço maior na carteira. Por outro lado, a companhia que vai mal tem seu peso automaticamente reduzido. Isso significa que, uma vez montada a carteira, não são necessários ajustes no meio do caminho. A carteira de mercado segue uma estratégia buy-and-hold (comprar e segurar) com todas as ações disponíveis.

Em suma, são vários os pontos favoráveis à opção pela carteira de mercado: i) não traz riscos desnecessários (a diversificação se encarrega de expurgá-los); ii) entrega o retorno médio de mercado; iii) apresenta custos de implementação baixos por se tratar de uma estratégia buy-and-hold com a lista de empresas publicamente conhecidas. Assim, o investidor sábio, que se contentou com o retorno médio e não pagou caro por isso, obterá, como recompensa, um resultado muito mais vantajoso do que o investidor que tentou se sair melhor do que a média e pagou caro por isso. Mas, afinal, de quanto estamos falando mesmo?

Diferentemente de títulos de renda fixa, o retorno esperado da carteira de mercado não vem com uma taxa de retorno anunciada. A forma usual de contornar a ausência dessa informação é inferir o retorno esperado a partir do levantamento de fatos passados. Como qualquer estimativa, no entanto, estamos sujeitos a imprecisões, o que é agravado pelas fortes oscilações dos preços na Bolsa. Em um estudo desenvolvido por nós junto com Elias Cavalcante Filho e Rodrigo De-Losso, mostramos que, para mitigar esses ruídos, são necessários pelo menos 40 anos de dados históricos.[5]

Infelizmente, o curto histórico que temos da Bolsa brasileira impede que calculemos, com um mínimo de precisão, o retorno que o investidor espera receber ao investir na carteira de mercado da Bolsa brasileira.* No entanto, como não temos motivos para acreditar que o nosso investidor médio é mais, ou menos, exigente que o de outras nacionalidades, vamos nos apoiar em dados de países cujos longos históricos estão disponíveis. Além disso, a Bolsa no Brasil não é institucionalmente muito diferente das outras existentes no mundo nem a volatilidade dos ativos aqui é substancialmente diferente da observada em outros países.

Assim, analisemos a Tabela 1, que traz as estimativas do prêmio (retorno esperado em excesso do retorno livre de risco) e do risco (volatilidade esperada) em 19 países desde 1900.[6] O prêmio mediano dessas 19 carteiras de mercado é de 6,5% ao ano, e sua volatilidade mediana é de 22,1% ao ano.

---

*A Bolsa de São Paulo existe desde 1968. Entretanto, os períodos de inflação elevada e os sucessivos planos de estabilização implementados nas décadas seguintes exigiram que os preços nominais das ações negociadas na Bolsa tivessem algum tipo de tratamento. Para evitar esse ruído adicional, estudos sobre a Bolsa brasileira se concentram no período após a estabilização da moeda, com a implantação do Plano Real, em 1994.

TABELA 1: CARTEIRAS DE MERCADO DE PAÍSES DIVERSOS

PAÍS	PRÊMIO (% AO ANO)	RISCO (% AO ANO)
África do Sul	8,3	22,1
Alemanha	9,8	31,8
Austrália	8,3	17,6
Bélgica	5,5	24,7
Canadá	5,6	17,2
Dinamarca	4,6	20,5
Espanha	5,4	21,9
Estados Unidos	7,2	19,8
Finlândia	9,5	30,2
França	8,7	24,5
Holanda	6,5	22,8
Irlanda	5,3	21,5
Itália	9,8	32,0
Japão	9,0	27,7
Noruega	5,9	26,5
Nova Zelândia	5,7	18,3
Reino Unido	6,0	19,9
Suécia	6,6	22,1
Suíça	5,1	18,9
Mediana	**6,5**	**22,1**

Fonte: Elroy Dimson, Paul Marsh e Mike Staunton, "Equity Premia Around the World".

Esses números nos dão uma ideia de quanto o investidor de Bolsa espera receber no longo prazo ao investir em uma carteira bem diversificada: 6,5% ao ano, além da taxa livre de risco. Admitindo uma taxa livre de risco no Brasil de 6,0% ao ano (essa taxa varia no tempo e uma referência são as taxas de retorno dos títulos públicos federais disponíveis no Tesouro Direto), o retorno esperado total seria de 12,5% ao ano. Nada mal para um retorno médio!

MANDAMENTO 6

Pense no longo prazo.

> Coloque o dinheiro na Bolsa e esqueça ele! Invista pensando no longo prazo. No longo prazo, os choques negativos de curto e médio prazo são eventualmente anulados por choques positivos. No limite, o prêmio de risco da carteira de mercado prevalecerá.

Um retorno esperado de 12,5% ao ano pode esconder o fato de que é possível passar alguns anos com retornos negativos. Imagine a sensação de ver o dinheiro de sua aposentadoria levar um tombo de 20% e continuar lá embaixo por três anos... Claro que a tentação de querer mudar de rumo e se desfazer de tudo será muito forte.

Para que você possa sentir mais de perto como o retorno esperado e os choques da Bolsa podem afetar seus investimentos, mostramos, na Figura 2, como teria sido o retorno de 1 real investido na Bolsa brasileira em janeiro de 1995. A primeira coisa que se vê são os efeitos positivos do alto retorno esperado. No fim de 2022, esse real se transformou em 28 reais! No período, a inflação levou esse 1 real para 6 reais.

Dinheiro fácil? Não exatamente. Notem o caminho conturbado que esse real percorreu. Por vezes, caiu muito, e rápido, como na crise financeira mundial de 2008 e na pandemia de 2020. Em outros momentos, os choques foram menores, mas dolorosamente longos, como entre 2011 e 2015. Imagine perder o emprego e ver seus investimentos

FIGURA 2: 1 REAL INVESTIDO NA BOLSA BRASILEIRA

Fonte: Autores

despencarem ao mesmo tempo... Quem já passou por isso sabe que não é fácil manter o sangue-frio e evitar a tentação de vender tudo.

Em períodos difíceis, o investidor precisa lembrar que o ideal é sempre pensar a longo prazo. Com o tempo a seu favor e com tranquilidade, os choques negativos poderão vir a ser anulados por choques positivos. Ainda analisando a Figura 2, veja como as crises abruptas de 2008 e 2020 foram compensadas por uma rápida recuperação da Bolsa; e como a queda entre 2011 e 2015 foi seguida por uma alta entre 2016 e 2019.

Outra forma de ver como o tempo ajuda a suavizar os choques de curto prazo é por meio da comparação do retorno acumulado em diferentes janelas de tempo. Na Figura 3, cada ponto denotado pelo primeiro ano da janela representa o

FIGURA 3: RETORNO ACUMULADO EM DISTINTAS JANELAS

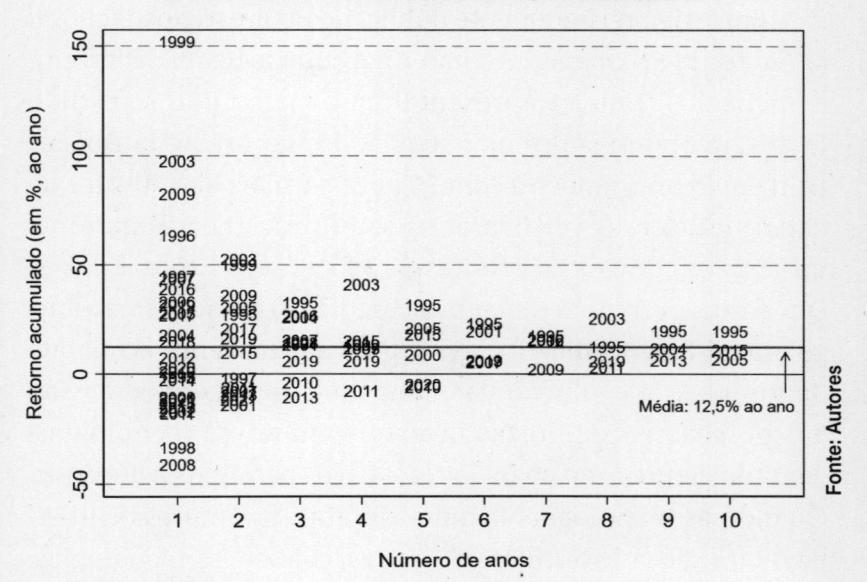

[Gráfico mostrando retorno acumulado (em %, ao ano) no eixo Y variando de -50 a 150, e número de anos no eixo X de 1 a 10. Média: 12,5% ao ano. Fonte: Autores]

retorno acumulado em uma janela de tempo que pode variar entre um e 10 anos.

Ainda na Figura 3, vemos claramente como nos horizontes mais curtos os retornos oscilam mais. Olhando para a janela de um ano, o retorno máximo foi de 152% em 1999, enquanto o retorno mínimo foi de -41% em 2008. Já nas nove janelas de três anos, o retorno máximo foi de 33% ao ano no triênio 1995-1997, e o mínimo foi de -11% ao ano no triênio 2013-2015. À medida que se aumenta o número de anos, as janelas com retornos acumulados negativos diminuem. Na janela de 10 anos, o retorno máximo foi de 19% ao ano no decênio 1995-2004, e o retorno mínimo, de 7% ao ano no decênio 2005-2014. No decênio (incompleto) entre 2015-2022, o retorno acumulado foi de 11% ao ano. No período completo (1995-2022), o retorno médio foi de 12,5% ao ano.

Em artigo recentemente publicado no prestigioso *Journal of Financial Economics*, Aizhan Anarkulova, Scott Cederburg e Michael O'Doherty apresentaram o mais rigoroso estudo já desenvolvido sobre os riscos de longo prazo na Bolsa.[7] Utilizando uma amostra com 39 países e mais de 170 anos de dados, os autores verificaram que a Bolsa só não superou a inflação em longos horizontes de 30 anos em 12% das vezes. Que forças permitem tamanha acumulação de riqueza no longo prazo? Essencialmente, as mesmas que movem a economia de um país: a evolução das ideias e o empreendedorismo das pessoas. As empresas investem em novas tecnologias, gerando empregos e negócios lucrativos para seus acionistas. Quando as tecnologias ficam obsoletas, as empresas ultrapassadas são substituídas por outras, com novas tecnologias. As empresas podem mudar ao longo do tempo, assim como a tecnologia, mas os retornos para quem investe na carteira de mercado continuam no longo prazo.

MANDAMENTO 7

Tenha consciência de que operar ativamente na Bolsa custa caro.

> Não ignore os custos de operar ações ativamente, por menores que possam parecer. Como diria Benjamin Franklin: *"Diligence is the mother of good luck."* A diligência é a mãe da boa sorte.

Muitas pessoas ignoram os efeitos cumulativos dos custos cobrados quando operam ações ativamente na Bolsa, ou seja, quando agem como Traders. Os custos mais óbvios para o Trader são as taxas de corretagem e de negociação. As primeiras, que podem ter um valor fixo por operação ou representar uma porcentagem do volume negociado, são cobradas toda vez que uma ordem é executada. Cada corretora tem uma taxa de corretagem. Considerando uma taxa fixa de 20 reais e um volume negociado de 10 mil reais, a taxa de corretagem corresponderia a 0,2% do volume negociado. A Bolsa também cobra taxas cada vez que executamos uma operação. Estas são chamadas de taxas de negociação e emolumentos. Atualmente, elas correspondem a 0,03% do volume negociado para pessoas físicas e a 0,02% para fundos de investimentos.

Outros custos são menos óbvios, porém não menos relevantes. Em particular, os custos com o spread de compra e venda são importantes. Sempre que desejamos negociar na Bolsa, é possível encontrar alguém disposto a comprar e vender ações. Esses investidores, conhecidos como formadores de mercado, oferecem liquidez para a conveniência dos outros investidores. Mas não fazem isso de graça, eles embolsam a diferença entre a melhor oferta de compra e a melhor oferta de venda (o tal spread de compra e venda). Ou seja, o investidor que comprar uma ação por engano e quiser corrigir o erro imediatamente terá de vender a um preço menor — esse prejuízo é o spread.

O spread varia de ação para ação. Ações mais líquidas (as mais negociadas por grandes instituições financeiras) têm um spread menor, em torno de 0,05% do preço de negociação. Papéis muito ilíquidos podem ter spreads que superam os 2%. O spread médio da Bolsa brasileira está em 0,5%. O spread de uma empresa também pode variar ao longo do dia (ele costuma ser menor nas primeiras e nas últimas horas do dia). Em situações de crise e de grande incerteza, os spreads aumentam. Nas grandes crises, mesmo os papéis mais líquidos podem apresentar spreads elevados.

Mas qual a importância, na prática, desses pequenos custos, em conjunto? Suponha que todas as despesas de negociação somem 0,75% do volume negociado (esse número provavelmente está subestimado, uma vez que somente corretagem, emolumentos e spread somam 0,73%). Além disso, vamos supor que o investidor gire sua carteira inteira uma vez por ano. Ou seja, somando todas as suas compras e vendas, ele negociou 200% do patrimônio investido em um ano. Isso significa que ele gasta 1,5% ao ano do patrimônio apenas para negociar as ações.

Existem também os custos indiretos, que afetam o resultado final do investidor de varejo que pretende se aventurar na Bolsa. Gastos com plataformas de negociação, equipamentos, newsletters, cursos especializados, entre outros, podem ser significativos. Para os que operam muito (um caso extremo são os day-traders), talvez o custo importante mais ignorado seja o tempo dedicado a uma atividade que não gera retornos.

Mas será que 1% ou 2% ao ano fazem tanta diferença assim? Sim! O efeito da capitalização, isto é, o juros sobre juros é o nosso melhor amigo quando o dinheiro está entrando (quando o dinheiro está saindo, é o nosso pior inimigo). Uma pessoa que investe 10 mil reais a uma taxa de 5% ao ano terá, depois de 30 anos, 43 mil reais. Se descontarmos 1,5% ao ano dessa taxa de retorno, depois de 30 anos essa pessoa terá 28 mil reais. Ou seja, ela obteve 35% a menos no final de 30 anos por causa de uma pequena taxa de 1,5% ao ano!

MANDAMENTO 8

Dê preferência a fundos indexados.

> Os fundos passivos indexados negociados em Bolsa, os chamados ETFs, são uma excelente opção para quem quer investir na carteira de mercado sem pagar caro por isso. Dê preferência aos ETFs mais negociados e que, ao mesmo tempo, cobram taxas de administração mais baixas.

A essa altura, o leitor já se convenceu das vantagens de investir na carteira de mercado, mas, talvez, esteja se perguntando: "Como investir na carteira de mercado *na prática*? Afinal, são muitas empresas na Bolsa e eu não tenho tanto dinheiro assim para distribuir por todas elas. Além do mais, tenho de reinvestir os dividendos que são pagos e atualizar a carteira quando novas empresas aparecem. Não parece simples..." Felizmente, existem fundos que fazem tudo isso para você e cobram pouco pelo serviço. São os chamados "fundos indexados", considerados passivos porque seguem regras de investimentos predefinidas. Eles se contrapõem aos fundos ativos, que buscam bater o mercado e guardam em segredo as estratégias adotadas.

O primeiro fundo indexado foi criado nos Estados Unidos nos anos 1970 pela Vanguard Group. O fundo, agora sob o nome de Vanguard 500 Index Fund, investe nas 500 maiores empresas da Bolsa americana, que, juntas, integram o índice S&P 500. O fundo tem hoje, sob custódia, mais de 800 bilhões de dólares. Por ser indexado com baixa rotatividade dos ativos e seguir uma regra predefinida, seus custos são muito baixos: 0,04% ao ano. Além disso, esse fundo consegue replicar o seu índice sem grandes desvios — desde 2000, o índice SP&500 foi valorizado em 8,23% ao ano, e o fundo já rendeu 8,21% ao ano.[8] A partir daí, a indústria de fundos indexados não parou de crescer em todo o mundo. Estima-se que quase metade da Bolsa de Valores americana esteja nas mãos de fundos indexados passivos.[9] Uma verdadeira revolução no mundo dos investimentos.

Outra revolução, mais recente, refere-se à forma como os fundos são negociados. Tradicionalmente, uma pessoa interessada em investir em um fundo compra cotas depositando o dinheiro na conta-corrente do fundo. Do mesmo modo, a pessoa interessada em resgatar o dinheiro investido informa ao fundo que quer vender suas cotas e, após a venda, recebe o montante em sua conta. Hoje, porém, muitos fundos são negociados diretamente na Bolsa como se fossem ações: são os Exchange Traded Funds (ETFs). Cada fundo tem seu código de negociação na Bolsa (quatro letras seguidas pelo número 11) e pode ser transacionado facilmente a qualquer momento do pregão. Essa facilidade de negociação, no entanto, não deve ser utilizada pelo investidor para girar a carteira sem necessidade. Negociar em excesso implica gastos com corretagem e expõe o investidor aos vieses comportamentais já discutidos na Parte I.

A Bolsa também negocia aqui no Brasil, em reais, ativos emitidos e listados em Bolsas de outros países. São os chamados Brazilian Depositary Receipts (BDRs). Cada BDR recebe um código com quatro letras e dois números, 32, 33, 34 ou 35; os ETFs listados em outros países têm quatro letras seguidas pelo número 39. Até pouco tempo, apenas investidores qualificados (com mais de 1 milhão de reais em investimentos) podiam transacionar BDRs. Desde agosto de 2020, porém, qualquer pessoa com uma conta em corretora pode comprá-los. Essa possibilidade é muito conveniente, pois amplia o leque de oportunidades para o investidor que procura fundos ETFs específicos, os quais não seriam economicamente viáveis se atendessem apenas à demanda dos investidores brasileiros. A Tabela 2 lista alguns dos principais fundos indexados negociados — a lista completa de ETFs está em expansão e sua constante atualização pode ser acompanhada no site da própria B3.[10]

TABELA 2: LISTA DE ETFS

PAÍS/REGIÃO	CÓDIGO	ÍNDICE DE REFERÊNCIA	TAXA (AO ANO)	GESTOR
Brasil	BOVA11	Ibovespa	0,10%	BlackRock
Brasil	BOVX11	Ibovespa	0,15%	XP Asset
Brasil	BOVV11	Ibovespa	0,10%	Itaú
Brasil	BBOV11	Ibovespa	0,02%	BB DTVM
Brasil	BOVB11	Ibovespa	0,20%	Bradesco
Brasil	IBOB11	Ibovespa	0,03%	BTG Pactual
Brasil	XBOV11	Ibovespa	0,50%	Caixa
Brasil	BOVS11	Ibovespa	0,25%	Safra
Brasil	SMALL11	Small Caps	0,50%	BlackRock
Brasil	SMAC11	Small Caps	0,50%	Itaú
Brasil	XMAL11	Small Caps	0,30%	XP Asset
Brasil	SMAB11	Small Caps	0,40%	BTG Pactual
EUA	IVVB11	S&P 500	0,23%	BlackRock
EUA	BIVB39	S&P 500	0,03%	BlackRock
EUA	SPXI11	S&P 500	0,21%	Itaú
EUA	SPXB11	S&P 500	0,23%	BTG Pactual

País	Código	Índice	Taxa	Gestora
EUA	NASD11	Nasdaq 100	0,50%	XP Asset
China	XINA11	MSCI China	0,87%	XP Asset
China	BCHI39	MSCI China	0,57%	BlackRock
Alemanha	BEWG39	MSCI Germany	0,50%	BlackRock
Austrália	BEWA39	MSCI Australia	0,50%	BlackRock
Canadá	BEWC39	MSCI Canada Custom Capped	0,50%	BlackRock
Coreia do Sul	BEWY39	MSCI Korea 25/50	0,57%	BlackRock
França	BEWQ39	MSCI France	0,50%	BlackRock
Hong Kong	BEWH39	MSCI Hong Kong 25/50	0,50%	BlackRock
Japão	BEWJ39	MSCI Japan Index	0,50%	BlackRock
México	BEWW39	MSCI Mexico IMI 25/50	0,50%	BlackRock
Reino Unido	BEWU39	MSCI United Kingdom	0,50%	BlackRock
Suíça	BEWL39	MSCI Switzerland 25/50	0,50%	BlackRock
Taiwan	BEWT39	MSCI Taiwan 25/50	0,57%	BlackRock
Ásia	ASIA11	MSCI AC Asia ex Japan	0,99%	XP Asset
Ásia	BAAX39	MSCI AC Asia ex Japan	0,69%	BlackRock
Europa	EURP11	MSCI Europe IMI	0,39%	XP Asset
Europa	BIEU39	MSCI Europe IMI	0,09%	BlackRock
Mundo	ACWI11	MSCI All Country World	0,62%	XP Asset
Mundo	BACW39	MSCI All Country World	0,32%	BlackRock
Desenvolvidos	BEFA39	MSCI EAFE	0,32%	BlackRock
Desenvolvidos	BIEF39	MSCI EAFE IMI	0,07%	BlackRock
Emergentes	EMEG11	MSCI Emerging Markets	1,00%	XP Asset
Emergentes	BEEM39	MSCI Emerging Markets	0,68%	BlackRock
Emergentes	BIEM39	MSCI Emerging Markets IMI	0,11%	BlackRock

Fonte: B3: <https://www.b3.com.br>

Ao escolher um ETF, o investidor deve procurar um fundo com liquidez na Bolsa e com a menor taxa de administração (os gastos com taxa de administração podem vir a ser significativos no longo prazo). O ETF mais negociado na B3 é o BOVA11, da gestora BlackRock. Seu índice de referência é o Ibovespa. Em janeiro de 2022, o BOVA11 era composto de 89 ações diferentes. Outros dois ETFs de ações brasileiras bastante negociados são o BOVV11, do banco Itaú, e o BOVX11, do banco XP, que também acompanham o Ibovespa.

As empresas que seguem o Ibovespa representam aproximadamente 85% do total das listadas na B3. Os restantes 15% reúnem empresas pequenas que não atendem ao critério de tamanho mínimo exigido pelo índice. Alguns fundos especializados nas pequenas empresas podem ser utilizados para preencher essa lacuna. Entre os disponíveis, o mais negociado é o SMAL11, cuja referência é o índice Small Caps, criado pela B3 para reunir as principais empresas pequenas não incluídas no Ibovespa. Em janeiro de 2022, mais de 140 ações faziam parte do Small Caps.

Dos ETFs de mercados internacionais, o mais negociado é o IVVB11, da gestora BlackRock. O fundo acompanha o índice S&P 500. O SPXI11, do banco Itaú, é outra opção de ETF que tem como referência o S&P 500. Outro tradicional ETF de ações americanas é o NASD11, do banco XP. Sua referência é o índice Nasdaq 100 das 100 empresas de tecnologia mais importantes negociadas na Bolsa americana Nasdaq, o que permite ao investidor exposição às empresas de tecnologia mais importantes do mundo.

Novos ETFs estão chegando à Bolsa brasileira, e a lista da Tabela 2 vai continuar a crescer com o tempo. São fundos indexados em carteiras diversificadas de vários países e grupos de países. Muitos são recentes, como os BDRs de ETFs negociados em outras Bolsas mundiais. Uma vantagem desses fundos é que costumam cobrar taxas de administração mais baixas. E a tendência é que cada vez mais façam parte das carteiras dos investidores brasileiros que procuram diversificar sem pagar caro por isso.

Claro, nem todos os ETFs negociados na Bolsa são bons. Um recente estudo de três professores da Universidade do Arizona — David Brown, Scott Cederburg e Mitch Towner — mostra que o número de ETFs dominados é grande e vem aumentando nos últimos anos.[11] Os ETFs dominados são fundos indexados superados em todas as dimensões por outros ETFs mais eficientes que replicam o mesmo índice, cobram taxas menores e são mais líquidos. Esses autores estimam que o dinheiro desperdiçado nesses ETFs dominados nos Estados Unidos já superou o bilhão de dólares entre 2000 e 2018.

Além dos fundos dominados, outros ETFs questionáveis são os de fundos ativos que procuram bater o mercado, mas que não entregam o que prometem. Por fim, existem ainda os fundos indexados a grupos pequenos de empresas. Esse último tipo costuma atender a alguma demanda dos investidores por setores específicos que estejam em alta e falham ao não diversificar o suficiente.

MANDAMENTO 9

Prefira ingredientes de boa qualidade.

Exija os melhores ingredientes. Para renda variável, uma cesta de ETFs bem diversificados é a melhor opção. Para renda fixa, os títulos indexados à inflação, caso do Tesouro IPCA, disponíveis na plataforma do Tesouro Direto, são ideais.

A carteira ideal deve combinar dois ingredientes básicos: renda variável e renda fixa. O papel da renda variável é entregar retornos elevados, que farão com que os efeitos acumulados da capitalização atuem a favor do investidor. Já o papel da renda fixa é dosar o risco da renda variável. No Mandamento 10, mais adiante, veremos como combinar esses dois ingredientes a fim de obter uma boa receita de investimento para a aposentadoria. Mas, antes, vamos falar um pouco sobre os próprios ingredientes. Naturalmente, eles devem ser da melhor qualidade possível. Para renda variável, já vimos que o mais adequado é investir em uma carteira de ações bem diversificada e de baixo custo. Na renda fixa, os títulos da dívida federal pública são uma excelente opção.

RENDA VARIÁVEL

Tendo em mãos uma lista de fundos ETFs disponíveis para o investidor brasileiro (como a Tabela 2 apresentada no Mandamento 8), o trabalho de montar uma carteira diversificada está praticamente resolvido. Veremos agora como podemos combinar alguns fundos em ações para obter uma posição em renda variável ainda mais diversificada. Existem técnicas sofisticadas para apontar a melhor combinação dos ativos, de modo a otimizar os pesos de cada um na carteira com a melhor relação risco-retorno possível. O problema dessas técnicas é que elas requerem estimativas precisas do retorno esperado e da correlação dos ativos. Como, na prática, essas estimativas são ruidosas, os pesos acabam herdando essas imprecisões.

Em um estudo interessante, os professores Victor DeMiguel, Lorenzo Garlappi e Raman Uppal comparam a performance de carteiras montadas a partir da utilização de diversas técnicas de otimização com a performance de uma carteira que segue a simples regra de dar o mesmo peso para cada item da carteira.[12] Os autores concluem que nenhuma das 14 técnicas sofisticadas analisadas por eles foi capaz de superar a estratégia mais simples de alocação.

Na Tabela 3 listamos alguns exemplos concretos de carteiras diversificadas que combinam cestas de ações variadas sem desconsiderar que outras combinações são possíveis. O importante é que o investidor procure sempre diversificar o máximo possível, vale repetir, sem pagar caro por isso.

No primeiro exemplo, listamos uma carteira para o investidor que quer investir apenas em ações brasileiras. Os principais fundos indexados disponíveis no Brasil acompanham o Ibovespa. Em 2022, esse índice era composto de 89 empresas que, somadas, valiam 3,8 trilhões de reais.[13] No entanto, o número de empresas negociadas na Bolsa é maior. Ao todo, eram 397 empresas em 2022, e o valor de mercado de todas elas, juntas, atingia 4,6 trilhões de reais.

TABELA 3: POSIÇÃO EM AÇÕES

	CESTAS INCLUÍDAS	ETFS	PROPORÇÃO
1	Brasil	85% BOVA11 + 15% SMALL11	100%
2	Brasil	85% BOVA11 + 15% SMALL11	50%
	Estados Unidos	IVVB11	50%
3	Brasil	85% BOVA11 + 15% SMALL11	25%
	Estados Unidos	IVVB11	25%
	Europa	EURP11	25%
	Ásia	ASIA11	25%

Fonte: Autores.

Assim, uma carteira com ações brasileiras bem diversificada pode ser obtida combinando-se um fundo indexado ao Ibovespa e outro ao índice Small Caps.[14] Na Tabela 3 mostramos como combinar o BOVA11 da gestora BlackRock, o ETF indexado ao Ibovespa mais negociado da Bolsa (outras possibilidades são o BOVV11, do banco Itaú, e o BOVX11, da XP Asset), com o SMALL11 da gestora BlackRock, o ETF indexado ao índice Small Caps mais negociado da Bolsa (outra possibilidade é o SMAC11, do banco Itaú). Os pesos apresentados procuram manter o valor de mercado relativo de cada uma dessas cestas.

Em seguida, adicionamos empresas americanas à carteira. A inclusão de companhias estrangeiras amplia, e bastante, os ganhos de diversificação. Muitos dos choques negativos que afetam as empresas brasileiras e, portanto, o seu emprego, são específicos da nossa economia. Assim, incluir empresas livres desses choques é fundamental para reduzir riscos. Os principais fundos indexados da Bolsa americana seguem o S&P 500. O segundo exemplo da Tabela 3 combina 50% de ações brasileiras com 50% do fundo IVVB11, da gestora BlackRock, o ETF mais negociado da B3 entre os que acompanham as ações americanas (outro ETF disponível é o SPXI11, do banco Itaú).

É possível dar mais um passo em direção à diversificação com empresas estrangeiras. O forte crescimento da economia nos Estados Unidos nos últimos 100 anos e seus reflexos na performance da Bolsa americana não são garantia de que no futuro a história se repetirá. Por isso, pode ser prudente ampliar ainda mais o universo de empresas estrangeiras, incluindo-se aí as carteiras das Bolsas europeias e asiáticas.

O número de ETFs indexados em carteiras de outros países — e também grupos de países — disponíveis ao investidor brasileiro vem crescendo. Na Tabela 2 apresentamos uma lista com 41 fundos indexados. Aproveitando essas possibilidades, no terceiro exemplo da Tabela 3 distribuímos os recursos igualmente entre ações brasileiras, americanas, europeias e asiáticas. Entre as europeias, temos o ETF EURP11, da XP Asset (disponível também na versão BDR, BIEU39). Já entre as asiáticas, uma opção é o ETF ASIA11, também da XP Asset (disponível ainda na versão BDR, BAAX39).

Outra possibilidade para o investidor são os fundos globais, que fornecem diversificação máxima em um único produto, como o ACWI11, da XP Asset, e o BACW39, BDR do mesmo fundo global negociado na Bolsa americana. Esses fundos, no entanto, no momento cobram taxas um pouco mais elevadas.

Naturalmente, os exemplos aqui listados não esgotam as possibilidades. Entre outras combinações possíveis, há os novos ETFs que estão chegando ao mercado brasileiro por meio dos BDRs. O investidor também pode decidir colocar parte de seus recursos em fundos de investimentos que seguem estratégias ativas, mas que não cobram muito por isso. Alguns exemplos de fundos ativos que podem fazer sentido para o investidor de longo prazo são os que exploram outros prêmios de risco já documentados pela literatura acadêmica (conhecidos também como fundos que fazem factor investing) e os que exploram (e lucram) com as falhas de mercados, muitas delas causadas pelos próprios Traders. (Mais um motivo para não ser um Trader...)

Caso você se decida por um fundo ativo, procure se informar muito bem. Não basta olhar para o que aconteceu nos últimos 12 meses. É verdade quando dizem que uma boa performance no passado não implica, necessariamente, boa performance futura. Tenha em mente também que o fundo pode mudar ao longo do tempo. Os gestores com as melhores ideias de investimento podem decidir sair do fundo, ou então o fundo pode ficar tão famoso e grande que as suas ideias de investimento se esgotam e deixam de funcionar. Não à toa o melhor fundo de investimento ativo de todos os tempos, o fundo americano Medallion, criado pelo matemático Jim Simons, deixou de aceitar novos cotistas em 1993. Hoje, apenas funcionários ou ex-funcionários podem investir no Medallion.

RENDA FIXA

No Brasil, as opções de títulos de renda fixa são limitadas, se comparadas às verificadas em outros países. Poucas empresas privadas no país captam recursos por meio de emissão de debêntures, e as que emitem o fazem em volumes pequenos e em maturidades curtas. Além disso, o mercado secundário é restrito, o que impossibilita a seus detentores se desfazer dos títulos antes do vencimento.

Os títulos emitidos por instituições financeiras (CDBs) também não costumam ser uma boa opção, apesar de convenientes. Primeiro, porque os CDBs têm sua rentabilidade atrelada ao CDI, que pode render menos que a taxa Selic. Segundo, porque estão sujeitos ao risco de crédito do emissor quando o valor investido supera o limite garantido pelo FGC. Por fim, costumam ter um prazo curto e não são indexados à inflação, atributos necessários quando pensamos em investir no longo prazo.

Para o investidor brasileiro, as melhores opções de renda fixa são os títulos da dívida pública federal. No Brasil, o investidor de varejo pode negociar títulos diretamente com o Tesouro Nacional, na plataforma do Tesouro Direto, administrada pela B3.[15] Os títulos disponíveis no Tesouro Direto são uma boa opção por vários motivos. Em primeiro lugar, são emitidos pelo governo brasileiro, o que, como já dito, significa que o risco de calote é baixo. Mesmo em uma situação extrema de insolvência do governo federal, o calote na dívida interna é improvável, uma vez que o Tesouro pode recorrer à emissão de moeda para pagar sua dívida e evitar o default. As empresas privadas não têm esse privilégio. Em segundo lugar, as taxas cobradas na plataforma do Tesouro Direto são muito baixas. Por fim, há o mercado secundário: é possível comprar e vender os títulos antes de seu vencimento.

Existem três tipos principais de título na plataforma do Tesouro Direto: Tesouro Selic, Tesouro Prefixado e Tesouro IPCA. O Tesouro Selic é um título pós-fixado, isto é, sua rentabilidade depende do que acontecer com a taxa de juros Selic entre o momento da compra e o vencimento do título. Essa taxa é definida pelo Comitê de Política Monetária (Copom) do Banco Central. O Tesouro Prefixado, como o nome diz, tem sua rentabilidade definida (prefixada) no momento da compra do título. Esses títulos prefixados costumam ter maturidade de até 10 anos, sendo que os mais longos oferecem pagamentos intermediários (juros semestrais).

Por fim, temos o Tesouro IPCA, um título que oferece uma rentabilidade fixa em termos reais. Isso significa que, quando o título vencer, o investidor receberá a taxa de juros real, compactuada no momento da compra, mais a inflação apurada no período. Assim, o Tesouro IPCA combina elementos prefixados (o investidor já sabe qual será a taxa real) com pós-fixados (a inflação captada no período será conhecida na época do vencimento). Esses títulos estão disponíveis em maturidades mais longas, de 30 anos ou mais.

Em um importante livro sobre a alocação de ativos para investidores de longo prazo, os professores John Campbell e Luis Viceira, ambos de Harvard, defendem a utilização de títulos indexados à inflação (nos Estados Unidos, esses títulos são conhecidos por Treasury Inflation-Protected Securities, ou TIPS).[16] Os títulos prefixados garantem uma taxa de retorno nominal, mas não protegem contra mudanças inesperadas no curso da inflação. Por sua vez, os títulos pós-fixados têm a sua taxa de retorno nominal corrigida ao longo do tempo, o que não garante, porém, que as taxas nominais futuras cubram sempre a inflação.

Por protegerem contra a inflação e garantirem uma taxa de juros real, os títulos indexados à inflação são os menos arriscados para o investidor de longo prazo. Além disso, os títulos do Tesouro IPCA são também os mais convenientes, uma vez que estão disponíveis em maturidades mais longas. A Tabela 4 traz uma lista dos títulos do Tesouro IPCA disponíveis em março de 2023. Como podemos ver, eles oferecem uma rentabilidade real positiva entre 5,98% ao ano e 6,49% ao ano.

TABELA 4: TÍTULOS DO TESOURO IPCA DISPONÍVEIS EM MARÇO DE 2023

TÍTULO	RENTABILIDADE ANUAL	PREÇO UNITÁRIO	VENCIMENTO
TESOURO IPCA + 2029	IPCA + 5,98%	R$ 2.837,87	15/05/2029
TESOURO IPCA + 2035	IPCA + 6,33%	R$ 1.926,07	15/05/2035
TESOURO IPCA + 2045	IPCA + 6,49%	R$ 1.010,22	15/05/2045
TESOURO IPCA + com juros semestrais 2032	IPCA + 6,11%	R$ 4.046,19	15/08/2032
TESOURO IPCA + com juros semestrais 2040	IPCA + 6,30%	R$ 3.955,46	15/08/2040
TESOURO IPCA + com juros semestrais 2055	IPCA + 6,33%	R$ 3.964,11	15/05/2055

Fonte: Tesouro Direto: <https://www.tesourodireto.com.br/>

Os três primeiros itens citados na Tabela 4 não pagam juros intermediários. O valor investido corrigido pelo IPCA, mais a remuneração expressa na coluna 2, é devolvido integralmente na data de vencimento. Os vencimentos disponíveis são em 2026, 2035 e 2045. Os últimos três títulos pagam juros intermediários semestralmente. Os vencimentos disponíveis são em 2032, 2040 e 2055.

Ao montar a posição em renda fixa, escolha títulos do Tesouro IPCA com vencimento mais próximo da data em que pretende se aposentar. Por exemplo, se você deseja se aposentar em 2042, invista no título Tesouro IPCA 2045. Dê preferência aos títulos que não pagam juros semestrais. Os que pagam juros semestrais dão um trabalho adicional, já que exigem que você reinvista o dinheiro recebido.

Desde 2023, quando a plataforma do Tesouro Direto passou a disponibilizar o título Tesouro Renda+, a vida do investidor ficou ainda mais fácil. Trata-se de um título semelhante ao Tesouro IPCA, mas com a grande conveniência de que os rendimentos só passam a cair na conta do investidor a partir do momento em que ele planeja se aposentar. Dessa forma, ele não precisa se preocupar em reinvestir os juros semestrais recebidos, nem repor os títulos vencidos por novos títulos que irão vencer mais adiante. A única coisa que ele precisa fazer é definir os valores que pretende investir e o ano em que pretende se aposentar. E até para isso a plataforma do Tesouro Direto decidiu dar uma mão, oferecendo uma calculadora que ajuda a definir os valores que devem ser investidos.[17]

A Tabela 5 traz uma lista dos títulos do Tesouro Renda+ disponíveis em março de 2023 na plataforma do Tesouro Direto. O número que acompanha a denominação do título indica o ano a partir do qual o investidor passará a receber uma renda mensal durante os 20 anos seguintes, corrigida pela inflação. Por exemplo, quem comprou o Tesouro Renda+ 2030 receberá o dinheiro investido acrescido dos juros e da inflação acumulada no período em 240 parcelas mensais até o final de 2049.

TABELA 5: TÍTULOS DO TESOURO RENDA+ DISPONÍVEIS EM MARÇO DE 2023

TÍTULO	RENTABILIDADE ANUAL	PREÇO UNITÁRIO	VENCIMENTO
TESOURO RENDA + 2030	IPCA + 6,36%	R$ 1.536,44	15/12/2049
TESOURO RENDA + 2035	IPCA + 6,41%	R$ 1.119,54	15/12/2054
TESOURO RENDA + 2040	IPCA + 6,42%	R$ 819,48	15/12/2059
TESOURO RENDA + 2045	IPCA + 6,41%	R$ 602,71	15/12/2064
TESOURO RENDA + 2050	IPCA + 6,38%	R$ 446,57	15/12/2069
TESOURO RENDA + 2055	IPCA + 6,38%	R$ 328,09	15/12/2074
TESOURO RENDA + 2060	IPCA + 6,37%	R$ 242,06	15/12/2079
TESOURO RENDA + 2065	IPCA + 6,37%	R$ 177,94	15/12/2084

Fonte: Tesouro Direto: <https://www.tesourodireto.com.br/>

MANDAMENTO 10

Obtenha, finalmente, as melhores receitas.

A proporção ótima de ações na carteira para aposentadoria deve levar em conta a tolerância ao risco, a idade e o tipo de trabalho da pessoa.

No Mandamento 9 apresentamos os dois ingredientes básicos de uma carteira de investimentos voltada para a aposentadoria: renda variável e renda fixa. Agora, vamos ver a melhor forma de combiná-las. De acordo com a teoria das carteiras desenvolvida por Harry Markowitz, o peso de cada ingrediente dependerá da tolerância do investidor ao risco.[18] Os mais tolerantes devem investir mais em renda variável e menos em renda fixa. Os mais conservadores devem fazer o oposto: investir mais em renda fixa e menos em renda variável. A clássica receita "60/40" (60% do dinheiro em renda variável e 40% em renda fixa), que frequentemente aparece nos manuais de investimento, parte do princípio de que o nível de tolerância é o do investidor médio.

A tolerância ao risco não é, contudo, o único ponto a ser considerado. As receitas mais modernas também levam em conta o tempo que o investidor tem até se aposentar. Como vimos no Mandamento 6, investir na Bolsa é menos arriscado no longo prazo. Assim, um jovem investidor pode aproveitar que tem mais tempo pela frente e investir uma fração maior em renda variável. Outro aspecto importante é o ciclo de vida das pessoas. Em geral, quando somos jovens, temos poucos bens materiais e a capacidade de trabalho é nossa maior riqueza, e quando nos aproximamos da aposentadoria, a maior parte da riqueza material já foi acumulada. Nesse estágio, a capacidade de absorver choques negativos é muito menor: é mais difícil procurar outro emprego, trabalhar horas extras ou ajustar o padrão de consumo. Por esse motivo, a fração investida em renda variável, por estar mais sujeita a choques negativos, deve ser reduzida à medida que nos aproximamos da aposentadoria.

Nos Estados Unidos, existem fundos de pensão customizados que levam em conta a data de aposentadoria do investidor — são os chamados Target Date Funds (TDFs). Os TDFs foram criados nos anos 1990, mas só a partir de 2005 começaram a ganhar popularidade. São bem convenientes, pois a única coisa que o investidor precisa fazer é investir no fundo do ano em que pretende se aposentar, uma vez que os gestores do fundo se encarregarão de ajustar os pesos com o passar do tempo. No Brasil, esses fundos estão começando a ser oferecidos.

Atualmente, várias instituições financeiras oferecem esses fundos nos Estados Unidos, e algumas das mais sólidas são a Vanguard, a Fidelity e a T. Rowe Price. Na Tabela 6 podemos ver a composição da carteira dos fundos da Vanguard disponíveis em dezembro de 2021.[19] Nas colunas registram-se os fundos; nas linhas, os pesos destinados a ações e renda fixa. Como referência, a tabela indica também a idade do investidor e o tempo a percorrer até a aposentadoria, considerando que o objetivo é se aposentar aos 65 anos. Assim, o fundo 2065, na primeira coluna, por exemplo, é destinado àqueles que pretendem se aposentar em 2065 e que, portanto, têm 20 anos de idade e cerca de 45 anos de trabalho pela frente.

TABELA 6: CARTEIRA DE FUNDOS DE PENSÃO (TDF) DA VANGUARD

FUNDO	2065	2060	2055	2050	2045	2040	2035	2030	2025	2020	INCOME FUND
Idade da pessoa	20	25	30	35	40	45	50	55	60	65	
Tempo até se aposentar	45	40	35	30	25	20	15	10	5	0	
Renda variável	91%	91%	91%	91%	89%	81%	74%	66%	58%	46%	30%
Renda fixa	9%	9%	9%	9%	11%	19%	26%	34%	42%	54%	70%

Fonte: Vanguard: <www.vanguard.com>.

Como se vê, diferentemente do que sugere a regra clássica, os fundos destinados aos mais jovens investem bem mais em ações: 91% do dinheiro em renda variável e 9% em renda fixa. A partir do fundo 2035, esses pesos começam a mudar e os fundos ficam mais conservadores. Para quem está prestes a se aposentar, os fundos são ainda mais conservadores do que reza a regra clássica. O TDF de 2025, por exemplo, investe 58% em renda variável e 42% em renda fixa. O fundo de pensão da última coluna, chamado Vanguard Target Retirement Income Fund e destinado aos já aposentados, tem 70% do dinheiro investido em renda fixa e 30% em renda variável.

Os fundos da Vanguard consideram a dinâmica do ciclo de vida do investidor médio. Os pesos podem ser customizados ainda mais, levando-se em conta não apenas a tolerância ao risco e a idade, como também o tipo de trabalho da pessoa. Isso porque o rendimento do trabalho tem igualmente seus riscos, que devem ser avaliados no momento de se definir a estratégia ideal.

Os economistas costumam incluir na lista dos bens de um indivíduo a sua capacidade de trabalho, vale dizer, o seu "capital humano", conceito desenvolvido por economistas nos anos 1960, entre eles Gary Becker, ganhador do Nobel de Economia de 1992.[20] O capital humano é um ativo que, como qualquer outro, dá direito a rendimentos. As ações rendem dividendos e os títulos públicos rendem juros; o capital humano rende salários e pró-labores. Quando gastamos em educação e treinamento, estamos investindo no nosso capital humano para obter rendimentos mais elevados no futuro. Estimamos o valor do capital humano da mesma forma que estimamos o valor de uma empresa. A empresa vale a soma de todos os dividendos que se espera receber; o valor do capital humano é a soma de todos os rendimentos do trabalho que se espera receber ao longo da vida.

Como outros ativos, o valor do capital humano está sujeito a choques inesperados. Imagine um funcionário de uma empresa do setor de serviços. Quando a economia do país vai bem, o setor tende a ir bem também, assim como a sua remuneração: os salários sobem, a chance de ser promovido é maior, o bônus de fim de ano é mais farto. Já quando a economia vai mal, o contrário acontece: os salários são congelados, a chance de haver demissões aumenta, encontrar outro emprego se torna mais difícil. Para quem trabalha no setor de serviços, o seu capital humano é arriscado e seu valor oscila junto com as flutuações da economia, comportando-se como se fossem ações de empresas.

Outras carreiras são mais estáveis. Funcionários públicos, por exemplo, têm a estabilidade no emprego garantida por lei e, por esse motivo, seus rendimentos são estáveis e independem da atividade econômica a que estão vinculados. A chance de o funcionário público vir a sofrer um grande choque negativo, como ter que procurar emprego durante um período de recessão, é baixa. Para ele, o seu capital humano é menos arriscado, já que conta com uma remuneração previsível que não depende das oscilações da economia, além de ser reajustada periodicamente. Nesse caso, o capital humano se comporta como renda fixa.

No já citado livro de John Campbell e Luis Viceira sobre alocação de ativos para investidores de longo prazo, os autores mostram a volatilidade do rendimento do trabalho em diversos setores da economia.[21] Os números revelam que tanto os empreendedores quanto as pessoas ligadas à agricultura têm o rendimento do trabalho mais volátil. Por outro lado, os funcionários públicos e os empregados da indústria são os que têm o rendimento menos volátil.

Como o comportamento do capital humano afeta a receita ideal? Pessoas com um capital humano mais arriscado devem investir menos em ações e mais em renda fixa. Agindo dessa forma, elas conseguem atenuar os riscos e evitar que choques negativos interfiram em seus planos de aposentadoria. Por outro lado, quem tem um capital humano que se comporta como renda fixa pode arriscar mais e investir uma parcela maior de sua poupança em ações.

Na Tabela 7 apresentamos exemplos de receitas de investimento para tipos diferentes de investidor: cauteloso, conservador, moderado e agressivo. Os exemplos estão baseados em um estudo elaborado pelo professor Robert Shiller, da Universidade Yale, vencedor do Nobel de Economia de 2013 em conjunto com Eugene Fama.[22] Investidores menos tolerantes ao risco, ou que têm um valor de capital humano mais arriscado, podem optar pela receita mais conservadora. Por outro lado, aqueles mais tolerantes ao risco e com um valor de capital humano menos arriscado podem assumir mais riscos e optar pela receita mais agressiva.

TABELA 7: RECEITAS DINÂMICAS DE INVESTIMENTO

	IDADE DA PESSOA	20	25	30	35	40	45	50	55	60	65	APÓS
Cauteloso	Renda variável	55%	55%	55%	55%	45%	38%	30%	20%	10%	5%	0%
	Títulos públicos	45%	45%	45%	45%	55%	62%	70%	80%	90%	95%	100%
Conservador	Renda variável	70%	70%	70%	70%	61%	53%	44%	36%	27%	19%	10%
	Títulos públicos	30%	30%	30%	30%	39%	47%	56%	64%	73%	81%	90%
Moderado	Renda variável	85%	85%	85%	85%	75%	65%	55%	45%	35%	25%	15%
	Títulos públicos	15%	15%	15%	15%	25%	35%	45%	55%	65%	75%	85%
Agressivo	Renda variável	90%	90%	90%	90%	83%	76%	69%	61%	54%	47%	40%
	Títulos públicos	10%	10%	10%	10%	17%	24%	31%	39%	46%	53%	60%

Fonte: Autores

As receitas são razoavelmente simples; elas servem como referência e devem ser adaptadas à realidade de cada um. O investidor precisa definir o seu perfil (mais conservador ou mais agressivo) e a idade em que pretende se aposentar. Depois disso, basta investir o dinheiro que guardou para a aposentadoria de acordo com os pesos da tabela. Falta apenas um detalhe importante: o que fazer com os pesos durante os quinquênios? Devemos deixar a carteira inalterada ou o melhor é rebalanceá-la periodicamente, de forma a manter fixa a proporção de ações e títulos públicos?

De acordo com Andrew Ang, ex-professor de Columbia e pesquisador na BlackRock, o investidor de longo prazo deve rebalancear a sua carteira.[23] Conforme sua argumentação, quando as ações sobem mais do que os títulos públicos, o peso dessas ações na carteira aumenta e o investidor deve então vendê-las e comprar títulos públicos para corrigir os pesos e voltar à ponderação inicial. Mas, segundo o professor, o investidor deve fazer o oposto quando as ações caem mais do que os títulos — nesse caso, ele deve vender títulos públicos e comprar mais ações. As estimativas sugerem que esse simples rebalanceamento, realizado com frequência anual, incrementa o retorno de longo prazo em cerca de 1% ao ano.

CONCLUSÃO

Depois de tudo que discutimos neste livro sobre os erros mais comuns das pessoas físicas que se comportam como Traders, pode surgir a seguinte inquietação: será que é possível ser atento, controlar os próprios vieses e aí, sim, começar a ganhar dinheiro na Bolsa operando ações ativa e frequentemente? Muito provavelmente, não. Note que, se você conseguiu a façanha de controlar todos os seus vieses (todos os aqui abordados e muitos outros ainda não documentados na literatura das Finanças Comportamentais), você passará a operar com a mesma qualidade de um macaco! Não perderá dinheiro de forma consistente, mas também não ganhará. Isso porque, ao colocar no papel todos os custos da transação (corretagem, emolumentos, imposto de renda, despesas com plataformas de trade, cursos, livros etc.), você deverá, sim, concluir que continua perdendo dinheiro.

Mas, importante: não basta controlar todos os seus vieses e encontrar alguma boa estratégia de trading. Para ganhar dinheiro especulando no curto prazo, sua estratégia precisa ser, na verdade, melhor que a da média dos outros traders que também especulam no curto prazo. No longo prazo, como já ensinado pelo Investidor, o prêmio de risco se realiza e todos os investidores passivos, que seguram suas posições, tendem a ganhar. No mercado acionário de curto prazo, o do jogo especulativo, a coisa é diferente: o ganho de um vem, necessariamente, da perda do outro, conforme já dissemos.

Assim, para que o Trader saia no lucro com regularidade, ele vai precisar ganhar das grandes instituições, que contam com altas tecnologias, equipes superqualificadas e muita informação. Difícil, não é? Muito. Portanto, o melhor que o Trader pode fazer é reconhecer suas limitações e se transformar num Investidor. Operar ativamente na Bolsa pode, sim, ser divertido (como já comentamos, tem gente que gosta de sentir a adrenalina do mercado) e interessante (ajuda a ficar sintonizado com as notícias sobre economia e empresas, o que é legal). Assim, se você gosta de operar ativamente, muito bem, continue. No entanto, é importante enfatizar: não nutra a esperança de que vai conseguir tirar renda regular daí. Use na Bolsa aquele dinheiro que, se você perder, não lhe fará falta, e tenha uma boa diversão.

Antes de nos despedirmos, porém, deixamos aqui algumas mensagens de alento ao caro Trader. Primeiro: saiba que você não está sozinho. Como você, há milhares de pessoas físicas se comportando como Traders, das mais diversas idades e com formação e experiência de vida variadas. Alguns são novatos, entusiasmados com o mundo em geral e o mundo das finanças; outros são mais experientes, marcados pela vida. Muitos vivem em países emergentes e quentes, como o Brasil; outros, em países desenvolvidos e frios, como a Finlândia. Segundo: lembre-se sempre de que até mesmo investidores profissionais, que se dedicam integralmente às finanças, estão suscetíveis aos vieses comportamentais.

Vimos aqui, por exemplo, a partir do artigo de 2018 escrito por Stephen Brown, Yan Lu, Sugata Ray e Melvyn Teo, como alguns gestores de fundos, influenciados pelo gosto da adrenalina, correm mais riscos do que o necessário.[1] Em artigo publicado em 2012 na importante revista *The Review of Financial Studies*, Veronika Pool, Noah Stoffman e Scott Yonke mostram também que vários gestores de fundos preferem investir em determinadas empresas simplesmente porque elas lhes são familiares, e que esse comportamento acaba produzindo carteiras de investimentos concentradas e mais arriscadas.[2] Podemos citar ainda um estudo desenvolvido em 2007 por Brad Barber, Terrance Odean, Yi-Tsung Lee e Yu-Jane Liu, no qual se evidencia que, assim como os amadores, os investidores profissionais não gostam de admitir que erram e, por consequência, acabam se prendendo a posições perdedoras.[3]

Por fim, se você é um Trader, saiba que o caminho do Investidor está ao seu alcance também. Basta seguir os 10 Mandamentos deste livro. Assim, como um verdadeiro Investidor, você conseguirá levantar a cabeça e olhar para o horizonte. E, com a ajuda do prêmio de risco, conseguirá chegar ao seu destino — uma aposentadoria mais tranquila.

NOTAS

PARTE I: O TRADER E SEUS VIESES COMPORTAMENTAIS

1. Terrance Odean, "Do Investors Trade Too Much", *American Economic Review*, vol. 89, n. 5, dez. 1999, pp. 1279-1298.

2. Brad M. Barber e Terrance Odean, "Boys Will Be Boys: Gender, Overconfidence, and Common Stock Investment", *The Quarterly Journal of Economics*, vol. 116, n. 1, fev. 2001, pp. 261-292.

3. Mark Grinblatt e Matti Keloharju, "The Investment Behavior and Performance of Various Investor Types: A Study of Finland's Unique Data Set", *Journal of Financial Economics*, vol. 55, n. 1, jan. 2000, pp. 43-67.

4. Convênio de pesquisa NEFIN-USP/5988 (processo CVM 19957.003353/2015-85).

5. Amit Seru, Tyler Shumway e Noah Stoffman, "Learning by Trading", *The Review of Financial Studies*, vol. 23, n. 2, fev. 2009.

6. Brad M. Barber e Terrance Odean, *op. cit.*

7. Mark Grinblatt e Matti Keloharju, "Sensation Seeking, Overconfidence, and Trading Activity", *The Journal of Finance*, vol. 64, n. 2, abr. 2009, pp. 549-578.

8. Brad M. Barber e Terrance Odean, *op. cit.*

9. Stephen Brown, Yan Lu, Sugata Ray e Melvyn Teo, "Sensation Seeking and Hedge Funds", *The Journal of Finance*, vol. 73, n. 6, set. 2018, pp. 2871-2914.

10. Hersh Shefrin e Meir Statman, "The Disposition to Sell Winners Too Early and Ride Losers Too Long: Theory and Evidence", *The Journal of Finance*, vol. 40, n. 3, jul. 1985, pp. 777-790.

11. Terrance Odean, "Are Investors Reluctant to Realize Their Losses?", *The Journal of Finance*, vol. 53, n. 5, out. 1998, pp. 1775-1798.

12. Rawley Z. Heimer, "Peer Pressure: Social Interaction and the Disposition Effect", *The Review of Financial Studies*, vol. 29, n. 11, nov. 2016, pp. 3177-3209.

13. Brad M. Barber e Terrance Odean, "All That Glitters: The Effect of Attention and News on the Buying Behavior of Individual and Institutional Investors", *The Review of Financial Studies*, vol. 21, n. 2, abr. 2008, pp. 785-818.

14. Zhi Da, Joseph Engelberg e Pengjie Gao, "In Search of Attention", *The Journal of Finance*, vol. 66, n. 5, out. 2011, pp. 1461-1499.

15. Fernando Chague, Bruno Giovannetti e Anthony Silva, "Attention-Grabbing Stocks and the Behavior of Individual Investors in Brazil", *Brazilian Review of Finance*, vol. 18, n. 1, jan.-mar. 2020, pp. 1-22.

16. Alok Kumar, "Who Gambles in the Stock Market?", *The Journal of Finance*, vol. 64, n. 4, ago. 2009, pp. 1889-1933.

17. Alok Kumar, Jeremy K. Page e Oliver G. Spalt, "Gambling and Comovement", *Journal of Financial and Quantitative Analysis*, vol. 51, n. 1, fev. 2016, pp. 85-111.

18. Fernando Chague, Bruno Giovannetti e Bernardo Guimarães, "The Overpricing of Popular High-Risk Stocks", *Working Paper*, 2022.

19. John Y. Campbell, Jens Hilscher e Jan Szilagyi, "In Search of Distress Risk", *The Journal of Finance*, vol. 63, n. 6, dez. 2008, pp. 2899-2939.

20. Jennifer Conrad, Nishad Kapadia e Yuhang Xing, "Death and Jackpot: Why do Individual Investors Hold Overpriced Stocks", *Journal of Financial Economics*, vol. 113, n. 3, set. 2014, pp. 455-475.

21. Justin Birru e Baolian Wang, "Nominal Price Illusion", *Journal of Financial Economics*, vol. 119, n. 3, mar. 2016, pp. 578-598.

22. Mark S. Seasholes e Ning Zhu, "Individual Investors and Local Bias", *The Journal of Finance*, vol. 65, n. 5, out. 2010, pp. 1987-2010.

23. Trond M. Doskeland e Hans K. Hvide, "Do Individual Investors Have Asymmetric Information Based on Work Experience?", *The Journal of Finance*, vol. 66, n. 3, jun. 2011, pp. 1011-1041.

24. Daniel Kahneman, *Rápido e devagar: duas formas de pensar*. Rio de Janeiro: Objetiva, 2012.

25. Henrik Cronqvist e Stephan Siegel, "The Genetics of Investment Biases", *Journal of Financial Economics*, vol. 113, n. 2, ago. 2014, pp. 215-234.

26. Justin Birru, Fernando Chague, Rodrigo De-Losso e Bruno Giovannetti, "Attention and Biases: Evidence from Tax-Inattentive Investors", *Working Paper*, 2022.

27. Disponível em: <https://trends.google.com/trends/explore?date=all&geo=BR&q=day%20trade>. Acesso em: 28 jul. 2022.

28. Fernando Chague, Rodrigo De-Losso e Bruno Giovannetti, "Day Trading for a Living", *Working Paper*, 2020.

29. Fernando Chague e Bruno Giovannetti, "É possível viver de day-trade em ações?", *Revista Brasileira de Finanças*, vol. 18, n. 3, 2020, pp. 1-4.

PARTE II: O INVESTIDOR E SEUS 10 MANDAMENTOS

1. Otávio Bitu, Fernando Chague, Bruno Giovannetti e Tomaz Hamdan, "O retorno esperado dos COEs", *Brazilian Review of Finance*, vol. 19, n. 2, jun. 2021, pp. 1-26.

2. Claire Célérier e Boris Vallée, "Catering to Investors Through Security Design: Headline Rate and Complexity", *The Quarterly Journal of Economics*, vol. 132, n. 3, ago. 2017, pp. 1469-1508.

3. Luigi Zingales, "Presidential Address: Does Finance Benefit Society?", *The Journal of Finance*, vol. 70, n. 4, ago. 2015, pp. 1327-1363.

4. Harry M. Markowitz, *Portfolio Selection: Efficient Diversification of Investments*. New Jersey: John Wiley & Sons, Inc., 2ª ed., 1991.

5. Elias Cavalcante Filho, Fernando Chague, Rodrigo De-Losso e Bruno Giovannetti, "US Risk Premia under Emerging Markets Constraints", *Journal of Empirical Finance*, vol. 67, jun. 2022, pp. 217-230.

6. Elroy Dimson, Paul Marsh e Mike Staunton, "Equity Premia Around the World". SSRN Scholarly Paper. Rochester: Social Science Research Network, out. 2011.

7. Aizhan Anarkulova, Scott Cederburg e Michael S. O'Doherty, "Stocks for the Long Run? Evidence from a Broad Sample of Developed Markets", *Journal of Financial Economics*, vol. 143, n. 1, jan. 2022, pp. 409-433.

8. Disponível em: <https://investor.vanguard.com/mutual-funds/profile/VFIAX>. Acesso em: 28 jul. 2022.

9. Disponível em: <https://www.cnbc.com/2019/03/19/passive-investing-now-controls-nearly-half-the-us-stock-market.html>. Acesso em: 28 jul. 2022.

10. A lista de ETFs pode ser acompanhada em: <https://www.b3.com.br/pt_br/produtos-e-servicos/negociacao/renda-variavel/etf/renda-variavel/etfs-listados/>. E a de BDRs, em: <https://www.b3.com.br/pt_br/produtos-e-servicos/negociacao/renda-variavel/bdrs/bdrs-nao-patrocinados/bdrs-nao-patrocinados-listados/>. Acesso em: 29 ago. 2022.

11. David C. Brown, Scott Cederburg e Mitch Towner, "Dominated ETFs", SSRN Scholarly Paper. Rochester: Social Science Research Network, dez. 2021.

12. Victor DeMiguel, Lorenzo Garlappi e Raman Uppal, "Optimal *versus* Naive Diversification: How Inefficient Is the 1/N Portfolio Strategy?". *The Review of Financial Studies*, vol. 22, n. 5, maio 2009, pp. 1915-1953.

13. Disponível em: <https://www.b3.com.br/pt_br/market-data-e-indices/servicos-de-dados/market-data/con-

sultas/mercado-a-vista/valor-de-mercado-das-empresas-listadas/bolsa-de-valores-diario/>. Acesso em: 28 jul. 2022.

14. Disponível em: <https://www.b3.com.br/pt_br/market-data-e-indices/indices/indices-de-segmentos-e-setoriais/indice-small-cap-smll-composicao-da-carteira.htm>. Acesso em: 28 jul. 2022.

15. Disponível em: <https://www.tesourodireto.com.br/>. Acesso em: 28 jul. 2022.

16. John Y. Campbell e Luis M. Viceira, *Strategic Asset Allocation: Portfolio Choice for Long-Term Investors*. Nova York: Oxford University Press, 2002.

17. Disponível em: <https://www.tesourodireto.com.br/rendamais/>. Acesso em: 27 mar. 2023.

18. Harry Markowitz, *op. cit.*

19. Disponível em: <https://investor.vanguard.com/investment-products/mutual-funds/target-retirement-funds>. Acesso em: 28 jul. 2022.

20. Gary S. Becker, *Human Capital: A Theoretical and Empirical Analysis with Special Reference to Education*. Chicago: The University of Chicago Press, 3ª ed., 1993.

21. John Y. Campbell e Luis M. Viceira, *op. cit.*

22. Robert J. Shiller, "The Life-Cycle Personal Accounts Proposal for Social Security: An Evaluation", SSRN Scholarly Paper. Rochester: Social Science Research Network, abr. 2005.

23. Andrew Ang, *Asset Management: A Systematic Approach to Factor Investing*. Financial Management Association Survey and Synthesis Series. Oxford: Oxford University Press, ago. 2014.

CONCLUSÃO

1. Stephen Brown, Yan Lu, Sugata Ray e Melvyn Teo, "Sensation Seeking and Hedge Funds", *The Journal of Finance*, vol. 73, n. 6, set. 2018, pp. 2871-2914.

2. Veronika K. Pool, Noah Stoffman, e Scott E. Yonker, "No Place Like Home: Familiarity in Mutual Fund Manager Portfolio Choice", *The Review of Financial Studies* vol. 25, n. 8, ago. 2012, pp. 2563-2599.

3. Brad M. Barber, Yi-Tsung Lee, Yu-Jane Liu e Terrance Odean, "Is the Aggregate Investor Reluctant to Realise Losses? Evidence from Taiwan", *European Financial Management*, vol. 13, n. 3, 2007, pp. 423-447.